致敬楷模 引领成长

"共和国勋章"获得者的故事

黄旭华

志探"龙宫"一痴翁

中国科协青少年科技中心 中国青少年科技辅导员协会 组织编写

武向平 主编 王艳明 蔡玮琢 著

湖南科学技术出版社

中国科协青少年科技中心
中国青少年科技辅导员协会　组织编写

总　策　划：胡艳红　辛　兵
主　　　编：武向平
副　主　编：苏　青
编委会成员：戴木才　陈阳波　林利琴　姚予疆
　　　　　　彭东明　夏江华　文　焰　甘敏求
　　　　　　赵　恒
著　　　者：王艳明　蔡玮琢

致敬楷模
引领成长

　　国家勋章和国家荣誉称号为国家最高荣誉。国家设立"共和国勋章"，授予在中国特色社会主义建设和保卫国家中做出巨大贡献、建立卓越功勋的杰出人士。中华人民共和国主席根据全国人民代表大会常务委员会的决定，向国家勋章和国家荣誉称号获得者授予国家勋章、国家荣誉称号奖章，签发证书。

　　我这辈子没有虚度，一生都属于核潜艇、属于祖国，我无怨无悔！

——黄旭华

致敬"共和国勋章"获得者

在国家勋章和国家荣誉称号颁授仪式上的讲话

（2019 年 9 月 29 日）

习近平

同志们、朋友们：

今天，在全国各族人民共同庆祝中华人民共和国成立 70 周年之际，我们在这里隆重举行仪式，将国家最高荣誉授予为国家建设和发展建立了卓越功勋的杰出人士和为促进中外交流合作作出杰出贡献的国际友人。

首先，我代表党中央、全国人大、国务院和中央军委，向今天获得"共和国勋章"和国家荣誉称号的英雄模范、获得"友谊勋章"的国际友人，表示热烈的祝贺！致以崇高的敬意！

今天受表彰的国家勋章和国家荣誉称号获得者，是千千万万为党和人民事业作出贡献的杰出人士的代表。他们身上生动体现了中华民族精神和社会主义核心价值观，他们的事迹和贡献将永远写在共和国史册上！

崇尚英雄才会产生英雄，争做英雄才能英雄辈出。党和国家历来高度重视对英雄模范的表彰。今天我们以最高规格褒奖英雄模范，就是要弘扬他们身上展现的忠诚、执着、朴实的鲜明品格。

——忠诚，就是英雄模范们都对党和人民事业矢志不渝、百折不挠，坚守一心为民的理想信念，坚守为中国人民谋幸福、为中华民族谋复兴的初心使命，用一生的努力谱写了感天动地的英雄壮歌。

——执着，就是英雄模范们都在党和人民最需要的地方冲锋陷阵、顽强拼搏，几十年如一日埋头苦干，为国为民奉献的志向坚定不移，对事业的坚守无怨无悔，为民族复兴拼搏奋斗的赤子之心始终不改。

——朴实，就是英雄模范们都在平凡的工作岗位上忘我工作、无私奉献，不计个人得失，舍小家顾大家，具有功成不必在我、功成必定有我的崇高精神，其中很多同志都是做隐姓埋名人、干惊天动地事的典型，展现了一种伟大的无我境界。

英雄模范们用行动再次证明，伟大出自平凡，平凡造就伟大。只要有坚定的理想信念、不懈的奋斗精神，脚踏实地把每件平凡的事做好，一切平凡的人都可以获得不平凡的人生，一切平凡的工作都可以创造不平凡的成就。

希望受到表彰的同志珍惜荣誉、再接再厉，用坚定的信仰、信念、信心影响更多的人。各级党委和政府要关心、关怀、关爱英雄模范，推动全社会敬仰英雄、学习英雄，用实际行动为实现"两个一百年"奋斗目标、实现中华民族伟大复兴的中国梦贡献力量。

同志们、朋友们！

今天，受到表彰的还有长期给予我们支持和帮助的中国人民的老朋友、好朋友。我们衷心感谢他们对中国发展作出的贡献！中国人民愿同世界各国人民一道，推动构建人类命运共同体，让我们这个星球越来越美好。

同志们、朋友们！

一切伟大成就都是接续奋斗的结果，一切伟大事业都需要在继往开来中推进。新时代必将是大有可为的时代。全党全国各族人民要像英雄模范那样坚守、像英雄模范那样奋斗，共同谱写新时代人民共和国的壮丽凯歌！

谢谢大家！

（新华社北京 2019 年 9 月 29 日电）

前 言

　　一个个名字，闪耀着百折不挠的光辉；

　　一段段传奇，谱写着感天动地的壮歌；

　　一枚枚勋章，铭记着不可磨灭的功绩。

　　"共和国勋章"是中华人民共和国最高荣誉勋章，授予在中国特色社会主义建设和保卫国家中做出巨大贡献、建立卓越功勋的杰出人士。中华人民共和国成立至今，已有于敏、申纪兰、孙家栋、李延年、张富清、袁隆平、黄旭华、屠呦呦、钟南山等9位杰出人士获得"共和国勋章"。他们虽然在不同的领域奋斗，但却都有着共同的特点：为中国人民谋幸福，忠诚担当；为中华民族谋复兴，拼搏奉献；为人类社会谋发展，开拓创新。

　　"一个有希望的民族不能没有英雄，一个有前途的国家不能没有先锋。"

　　伟大时代呼唤伟大精神，崇高事业需要榜样引领。《"共和国勋章"获得者的故事》是一套将"共和国勋章"获得者成长、拼搏、奋斗、开拓、创新、奉献的故事讲给青少年读者的主题出版图书。全书以时间为经，以事件为纬，用故事形式将"共和国勋章"获得者的人生重大节点、感人事迹、高光时刻、重大贡献和所获荣誉等紧凑有序地串接起来，以便青少年获得更好的阅读体验和人生感悟。

青少年是民族的未来，是祖国未来美好生活的创造者和践行者。"共和国勋章"获得者身上所展现出来的优秀品格和崇高精神，对青少年的成长和发展将起着很好的教育、引领和示范作用；青少年可从这些英雄模范人物身上汲取不平凡的力量，热爱科学，爱岗敬业，担当作为，从点滴做起，把平凡的事做好，获得不平凡的人生，长大后努力为党、为国、为民多做贡献。

这就是湖南科学技术出版社联合中国科协青少年科技中心、中国青少年科技辅导员协会，共同为青少年打造《"共和国勋章"获得者的故事》的初衷，也是全体编创出版人员对时代先锋人物表达的由衷敬意。

我希望，这套丛书能给予青少年以启发和激励，有助于他们系好人生"第一粒扣子"，激励他们向往并努力追求人生的"第一枚勋章"，绽放真正属于自己的青春华彩。

中国科学院院士

注：武向平，中国科学院院士，国家天文台研究员，中国科学院大学天文与空间科学学院院长，全国政协委员，中国科协常委，中国青少年科技辅导员协会理事长，北京科学技术普及创作协会理事长。主要从事宇宙学研究，曾获国家自然科学奖二等奖、何梁何利基金科学与技术进步奖等奖项。

目录

育黎诊所

1921 年春，广东省海丰县田墘镇（现汕尾市红海湾经济开发区田墘镇）上新开办了一家诊所，诊所的男主人姓黄名树毂，字育黎，女主人名叫曾慎其。其实这个诊所包括两部分，一部分叫黄育黎医务所，另一部分叫育黎药房，病人在医务所看完病后可自愿在药房抓药，故当地人将医务所和药房合称为育黎诊所。

黄树毂的祖籍在距此 200 千米外的广东省揭阳县玉湖镇新寮村。这个村子是黄氏祖先于明朝万历六年（1578 年）所创建的，历史悠久，现在是广东著名的古村落，也是乡村旅游的热门景点。

新寮村的民居属于客家围龙屋①建筑风格，村子里风景优美、人杰地灵。新寮村古貌犹在，村道都是石子路，村里的"分柑桥"、古井、旗杆夹、举人练武石、番仔楼、崇德堂等建筑有400余年的历史，至今保存完好。其中崇德堂就是黄树毂家的祖屋，现在成了新寮村最著名的旅游景点。

黄树毂祖上历代以习武、行医为生。黄树毂出生于清朝光绪十九年（1893年），少年时就随父亲黄华昌学习医术，中学就读于揭西县五经富镇道济中学。曾慎其是揭西县五经富镇人，生于1893年重阳节，其父亲是揭西县一带的名医，思想开明，曾慎其年少时被父亲送入当地的五育女校读书。曾慎其的父亲与黄树毂的父亲黄华昌因行医结识，性格相投，于是结为儿女亲家。

黄树毂中学毕业后遵父母之命与曾慎其完婚，结婚后夫妻俩一同进入汕头福音医院跟随英国医生学习西医。黄树毂主要学习内科，曾慎其则学习妇产科。1919年，夫妻俩在汕头福音医院毕业后移居汕尾，经人介绍在汕尾福音医院从事医疗工作，曾慎其聪明勤奋，很快成为一名优秀的助产士②。

---

①客家围龙屋：围龙屋主要分布于广东省，又称为客家围拢屋，是客家围屋或客家围村中最典型的一种，属于半圆形客家围屋（客家围村），是具有极强的中国传统礼制、伦理观念及风水意识的围村民居建筑。客家围屋与北京的四合院、陕西的窑洞、广西的"杆栏式"、云南的"一颗印"，被中外建筑界称为我国最有乡土风情的五大传统特色民居建筑。

②助产士：西医的叫法，就是给孕妇接生的医生，中国古代叫"接生婆"。

1920 年，夫妻俩从汕尾福音医院辞职，在汕尾海丰县捷胜镇开办黄育黎医务所，并在那里生下了长子黄绍忠。1921 年，黄树榖夫妇将医务所迁至田墘镇，见镇上没有药房，为方便乡亲们抓药，就增开了育黎药房。

黄树榖、曾慎其夫妻俩从小就从父亲那里学习医术，后来又在汕头福音医院受过正规的医学教育，医术精湛，并且是中西医结合，不仅如此，二人医德也很高尚。夫妻俩悬壶济世、仁慈博爱、广播善行，在当地渐渐有了较高的声望。曾慎其作为一名妇产科医生，亲自为许多乡亲接生。她心地善良，任何时候、任何情况下，只要有人来请她去接生，即便是深更半夜，她也总是毫不犹豫拔腿就走，护佑着一个又一个新生命的降临。

对于接生费，曾慎其从不计较，乡亲们给一点是一点，遇到手头不宽裕的只是象征性收一点费用。而对于穷苦人家，她不仅不收钱，还安慰人家："没事，不要钱的，等孩子长大了，叫我一声'义姆'①就行。"因此，在田墘镇上，曾慎其有数不清的干儿子和干女儿，大家都永远铭记着她的恩德。

黄树榖聪明勤奋，不仅行医卖药，还从事一些耕种及商贸业务。在逐渐积累了一些资产后，黄树榖并没有贪图享乐，而是拿

---

① 义姆：在海丰县田墘镇一带，义姆就是干娘的意思。

出大量的财产从事公益活动，其中最主要的就是兴学办校。当地的树基小学主要来自于他的资助，白沙中学则是他邀约多位开明人士共同集资创建的，这些学校解决了当地孩子上学难、读书难的问题。

20世纪20年代后期，海丰县田墘镇一带曾流行霍乱，当地政府束手无策。作为医生，黄树穀、曾慎其意识到霍乱流行的严重性，夫妻俩当即从香港购进预防和治疗霍乱的药品，免费为当地人治疗，阻止了瘟疫的大范围蔓延，人们因此对他们俩交口称赞。

黄树穀不仅仗义疏财、造福乡梓，而且具有强烈的爱国情感，面对侵略者表现出异常的刚毅勇敢。

日军入侵田墘镇后，考虑到黄树穀在当地的声望和影响力，希望他能帮日本人做事，出任"维持会长"一职，没想到黄树穀一口回绝。日本军官恼羞成怒，飞起一脚将黄树穀踢翻在地，把明晃晃的军刀架在他的脖子上，还以家人胁迫，可黄树穀毫无惧色，依旧紧咬牙关不答应，并回答说就算被杀也决不做日本人的走狗。

好在曾慎其机敏，急中生智到楼上拿了厚厚一沓钞票塞给领路的汉奸，汉奸见钱眼开，与日本军官嘀咕一阵子后才恶狠狠地离开。

1941 年 9 月 21 日凌晨，由于汉奸的告密，驻扎在"红楼"①的抗日合作军突遭日军袭击，几乎全军覆灭，这就是抗日战争时期震惊广东海丰地区的"红楼事件"。事件发生后，黄树毅不顾生命危险，和几位仁人志士一道，秘密抢救、医治并转移幸存的 20 多名伤员，同时趁着黑夜掩护清理烈士遗体，将其妥善安葬。

在如今的汕尾市红海湾抗日英烈陵园的一座墓碑上，就镶嵌有黄树毅先生的照片。在纪念馆中关于合作军及"红楼事件"的许多史料和追忆文章中，都记录有黄树毅先生当年的英勇事迹。

20 世纪三四十年代，黄树毅和曾慎其夫妻俩行医济世、乐善好施的故事在当地广为流传，而他们义薄云天、赤诚爱国的侠义之举，更是赢得了当地人的敬重。他们所开办的育黎诊所不仅在田墘镇名气越来越大，而且传遍了十里八乡。

当然，黄树毅、曾慎其夫妻俩的善行与义举也得到了当地人的善良回报。在日寇侵略汕尾时，他们家在多次的逃难途中，也得到了许多当地人的帮助。

黄树毅、曾慎其夫妻俩一共养育了七子二女。在那个年代的

---

① 红楼：原海丰县田墘镇白沙中学的教学楼，漆成红色，故名"红楼"。现在是汕尾市红海湾经济开发区革命旧址，爱国主义教育基地。

农村，因为贫困及观念的制约，是没有幼儿园的。父母一般都要忙于田间劳作或者其他生计，因此小孩子只要会走路，就是由大孩子带着玩，这几乎是沿袭下来的一贯做法。

黄树穀、曾慎其夫妻俩平日非常忙碌。在诊所坐诊或者外出给病人看病、接生是夫妻俩日常的工作，除此之外，曾慎其还要照料一家人的衣食住行，黄树穀也要三天两头往返香港与田墘镇之间，打理药品及其他商贸生意，家里几亩山地也要耕种，因此对于一众儿女自然也毫不例外地沿用"大孩子带小孩子"的传统。

一开始，是老大黄绍忠带老二黄绍振，后来就是老二带老三，依次效法，黄树穀、曾慎其成功地养大了九个孩子，个个得享天年，这在那个年代是极其难得的事，这也与黄树穀和曾慎其懂科学、养育有方有极大的关系。

黄树穀、曾慎其夫妻俩对孩子的教育极其严格，坚持让每一个孩子接受尽可能好的学校教育，并要求他们正直善良、勤奋学习，对孩子们偶然学来的不良习惯与行为绝不姑息，因此孩子们个个身正进取，不仅继承了父母的淳朴、勤劳、敦厚、坚毅、忠勇品质，还因为从小耳濡目染、潜移默化，渐渐筑起了他们不惧危险、吃苦耐劳、无私奉献、忠诚爱国的底色。

他们的大儿子黄绍忠热爱学习，成绩优秀、思想活跃，读初中时就积极参加抗日救亡活动，并一边读书一边追求革命事业。在他的影响和带领下，弟弟妹妹们勤奋学习，纷纷走上了革命道路。其中，受大哥影响最深、一直追随大哥前进的步伐，而且取得了惊人成就的是三儿子黄绍强（后改名为黄旭华）。

渔村少年

　　黄绍强生于 1924 年 2 月 24 日，是黄树穀、曾慎其夫妇的第三个儿子。黄绍强自小眉清目秀，聪明伶俐，黄树穀、曾慎其夫妻俩对其很是怜爱。在黄绍强 3 岁之前，母亲曾慎其无论坐诊还是外出接生，都尽可能将他带在身边。

　　在空闲时，曾慎其就教黄绍强认识汉字、背诵简短的诗句，有时也教他认识英文字母，除此之外，曾慎其还偶尔教他吟唱适合儿童的歌曲。无论是识文断字还是吟唱歌曲，黄绍强不说是过目不忘，可确实是很快就能学会，表现出很强的学习、领会及记忆能力。

由于在父母身边耳濡目染，尤其是看到父母治好一个又一个的病人后露出的喜悦笑容，黄绍强打从心底里就非常崇拜与敬佩父母，觉得他们很了不起。等长大一点稍微懂事后，黄绍强经常看到被父母治愈的病人专程来诊所感谢父母，或者听到镇上的人夸赞父母医术高明、仗义厚道，他的心中总是充满了对父母亲行医职业的向往。

而黄树毅、曾慎其看到三儿子机敏好学，并且在他们治疗病人时非常专注、表现出很有兴趣的样子，因此觉得黄绍强将来是学医的料，他们当然也希望他们的孩子当中有能继承其衣钵的人。夫妻俩有了这样的念头后，平时就有意识地给黄绍强强调行医济世、解除病患疾苦的重要性，还跟他讲述一些简单的医学常识。

就这样，由于内心的向往加上父母的循循善诱，幼年的黄绍强内心就有了一个强烈的愿望：长大后要做一个像父母一样医术高明、受人敬重的好医生。

因此，无论是父母还是其他人，只要问"绍强啊，你长大了想干什么"，他都毫不犹豫地回答说："我长大了要做一名医生！像父母一样给别人治病。"

1927 年，黄绍强满 3 岁了，父母身边只能带着更小的弟妹，

遵照传统，他就由比他大近两岁的二哥黄绍振带着玩。黄绍强很喜欢二哥，每天都跟在二哥屁股后面屁颠屁颠地跑。不是在镇上到处玩耍，就是去田野里找瓜果、甘蔗林中逮虫子、山林里寻鸟窝。不过，黄绍强最喜欢去的还是大海边，看船、看飞机、捡贝壳，游泳嬉浪。

田墘镇说是一个镇，其实就是一个三面环水的临海渔村。因为对面就是繁华的香港，所以平常这里都是船来人往，各种日用品、海产品在这里交易买卖，非常热闹，久而久之就在此形成一个人口比较稠密的集镇。

黄绍强清秀乖巧，听话、不调皮、不惹事，是大人眼里的乖孩子。二哥特别喜欢这个弟弟，不管去哪里都带上他，而且处处照顾他、保护他，各种好吃的、好玩的都先紧着弟弟，弟弟玩累了，二哥就背着他回家。黄绍强也因此很依赖二哥，兄弟姐妹中他和二哥的感情也最好。

1928 年秋，老二黄绍振到了该上学的年龄，父母决定让他去镇上的树基小学念书。可是，老三黄绍强怎么办呢？黄树毅、曾慎其正发愁时，黄绍振说他可以带着三弟去上学，而黄绍强也很乐意，夫妻俩一思考，觉得这倒是个不错的办法，于是就去学校恳请校长同意。黄树毅是树基小学的主要捐资人，这个要求自然没问题，于是，黄绍强就跟着二哥去学校念书，也算是给二哥陪读。

不过，黄绍强这个陪读生不简单，还给二哥惹来了麻烦。

原来，黄绍振、黄绍强兄弟俩一起上学读书，但是二哥读书没有三弟用心，因此在课堂上或者回家背诵课文时，黄绍振常常背不上来，黄绍强在旁边着急就不断提示，于是老师和父母就让陪读的三弟背诵，没想到黄绍强开口就来，背诵得非常流利，让老师、父母深感意外。因此，黄绍强的优秀表现就经常连累二哥，使他受到训斥与责罚。

不过，二哥并没有因此而生气，反而为弟弟高兴，经常在同学面前吹嘘弟弟聪明了得。

在给二哥陪读的过程中，发生了一件乍看很小，却让黄绍强一辈子都刻骨铭心的事情。

有一次，二哥班里组织春游活动，和二哥形影不离的黄绍强自然也想跟着二哥一起去玩。但是母亲曾慎其考虑到黄绍强只有4岁多，走远了肯定走不动，到时拖累二哥也玩不好，就坚决不让他去，并说一定会带他春游一次作为弥补。

二哥春游回来后，神采飞扬地对黄绍强讲述在田坑镇的一个小山坡上发现了一对狐狸，非常可爱，这更让黄绍强伤心不已。

没承想，这件事及他伤心的样子却让慈祥的母亲一直记在心里。

1993 年，曾慎其百岁大寿后，坚持要陪着赶回来给她庆祝生日的黄绍强去肇庆七星岩游玩一次。回来的路上，母亲对他说，小时候妈妈欠你一次春游，一直觉得遗憾，希望以此作为弥补。当时 69 岁的黄绍强听完这句话，眼泪止不住地往外涌……

童年的黄绍强虽然乖巧听话，但绝不是一个呆板木讷的孩子，相反，他聪明伶俐，有抱负、有志趣、爱思考。

由于比邻香港，田墘镇上空经常有飞机飞过。在那个年代，飞机还是一个很稀奇的玩意儿，有一天黄绍强突发奇想，产生了想亲手造一架飞机的冲动。于是，他立刻行动起来，找来纸板、木板、木棍、绳子及橡皮筋，依据小人书上的飞机图片，结合自己观察到的在空中飞翔的真飞机模样，反复琢磨，拆了做、做了拆，最后真做成了一架玩具飞机。这架"飞机"像模像样，二哥好奇地拿起用力一扔，居然真飞起来了，并稳稳地滑翔了好长一段距离才落地，这让黄绍强兴奋不已，二哥更是开心，拿着这架弟弟造的"飞机"在镇上飞奔，逢人就说这是三弟造的飞机，也惹得镇上其他孩子羡慕不已。

回到家，黄树穀、曾慎其看到老三做的飞机后也赞赏不已，爸爸拍拍他的小脑袋表示鼓励，母亲更是高兴地抱起他走进里屋，奖励他好几颗糖果。

在海边摸鱼逐浪时，黄绍强常常看到很大的机动船，烟囱里"突突"冒着黑烟，船头劈起很高的浪花，比传统挂帆的渔船快很多。于是黄绍强就纳闷：这种船没有船桨、没有船帆，为什么能跑得这么快呢？

他问过好多大人，也问过父母，大家都告诉他是因为船上装了一个生火的"炉子"，这个冒烟的炉子劲很大，可以推着大船在海上快速奔跑。

因此，好奇的黄绍强又萌生了一个念头：像上次造飞机一样，造一艘用火炉推动的木船。他认真地观察和思考了很多天，然后再次如法炮制，找来各种木板材料，凭借两只小手和小锯、小锤，在二哥的帮助下，倒腾了几天，竟然真的搭建起了一艘小木头船，并异想天开地在船底开一个洞，垫上一块铁片。他设想在这洞里装上木炭，木炭点燃烧起后，船就"嘟嘟嘟"地开动了，和蒸汽船一样冒烟航行。

他兴奋地把"造"好的船放到海边，二哥往船洞里装满从家里拿出来的木炭，黄绍强用"洋火"① 点燃，木炭烧起后，烟倒是出来了，可船却仅仅是随浪摇曳，未见挪动分毫。最后，

---

① 洋火：就是火柴。旧中国最初不能自己造火柴，火柴都是从西方进口的，所以称为"洋火"。

炭烧完了、熄灭了，船也灌满了海水，他想象的木船冒烟航行没有发生，只好垂头丧气地回家了，倒是二哥紧张地跟在他后面，不知怎么安慰他。

第二天和二哥一起去学校后，黄绍强就去问老师，老师说这里面包含很多的科学知识，只有掌握了科学技术，才能造那种蒸汽大船。

黄绍强没有气馁，他暗暗下定决心，将来一定要造一艘在大海里劈波斩浪的大船！

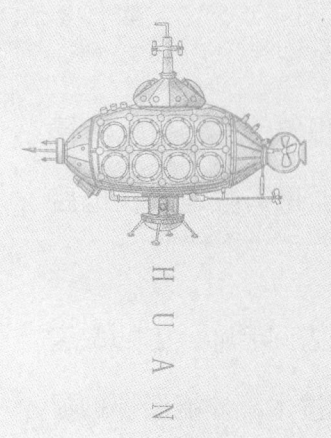

甘蔗林里书声朗

1931 年秋，二哥黄绍振从树基小学毕业了，黄绍强不再陪读，正式成为树基小学的学生，并开始独来独往地上学了。由于他已经在这所学校学过 3 年，初级小学的课程对他来说轻车熟路，因此他又拓展了别的爱好，学得了两门让他一辈子受益的才艺。

黄树穀多才多艺，扬琴的弹奏技艺不错，闲暇时常在家弹奏几曲。父亲弹奏时，黄绍强就在旁边用心地看着，默默地记在心里，然后自己模仿着弹奏，偶尔也向父亲请教一二。就这样勤加练习，熟能生巧，黄绍强居然慢慢学会了扬琴的基本弹奏技巧。在后来的求学及科研生涯中，这门技艺就成为他给自己减压或者寻求灵感、丰富生活的重要手段。

在树基小学读书期间，有一天黄绍强看见一位教师吹奏口琴，他觉得很有趣，于是恳求父亲在香港给他买了一把口琴，自己慢慢琢磨，由于有弹奏扬琴的音乐基础，他也逐渐学会吹奏口琴了。此后，吹奏口琴、即兴表演成了他的又一个爱好，到老不辍。

1934 年夏，黄绍强结束了在树基小学的学习，秋季转入田墘镇小学继续读了一年初级小学。1935 年夏，他从田墘镇小学毕业了，由于当地没有高级小学，因此必须去外地就读。

1935 年秋，黄绍强在二哥黄绍振的陪伴下来到汕尾城区的作矶小学读高级小学，由于离家比较远，必须在学校住读，这是他第一次离家去外地读书。

作矶小学规模很小，仅有一座两层楼的小房子，底层是教室，二层是学生和教员的宿舍，隔壁还有一座教堂。学校只有 2 个班、3 位教员、20 多个孩子。3 位教员中，黄绍强和苏剑鸣老师感情很深，他认为苏老师是对自己一生影响最大的老师之一。

苏老师当时很年轻，只比黄绍强他们大 10 岁左右。苏老师一个人教授国语、算学、自然、英语四门课，还兼管体育课，一天到晚和学生吃住在一起，渐渐也和学生们建立了较深的感情。

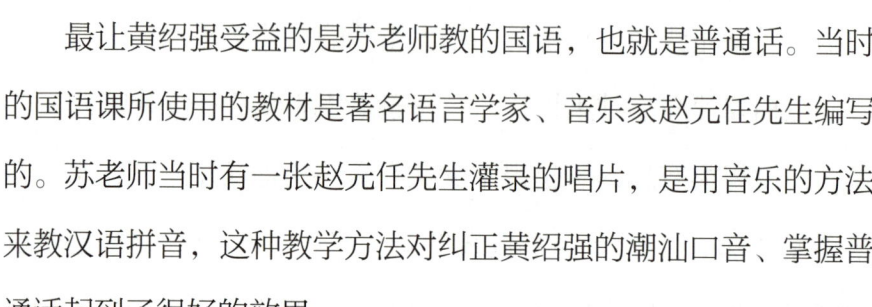

最让黄绍强受益的是苏老师教的国语，也就是普通话。当时的国语课所使用的教材是著名语言学家、音乐家赵元任先生编写的。苏老师当时有一张赵元任先生灌录的唱片，是用音乐的方法来教汉语拼音，这种教学方法对纠正黄绍强的潮汕口音、掌握普通话起到了很好的效果。

苏老师总是对学生强调普通话的重要性，激励他们认真学好普通话。黄绍强从苏老师那里学习的普通话为他以后的求学和工作之路扫除了语言障碍，使他能够顺利地与他人交流。不过他也自嘲说，他的普通话水平也永远停留在苏老师教授时的那个水平上，没有任何长进。

除国语课程外，苏老师的算学、自然、英语课也讲得很精彩，黄绍强同样也很喜欢，这些课程也给黄绍强打下了良好的文化与科学基础。黄绍强的成绩很好，成为苏老师记忆中的高材生。苏老师有着惊人的记忆力，2009年，黄绍强回到作矶小学时，年迈的苏老师竟然一眼认出了他，黄绍强这个名字也脱口而出。

作矶小学的学习生活非常丰富，黄绍强在这里学习了正规的音乐课程，这使得他的扬琴弹奏、口琴吹奏水平有了更好的提升。当时学校还排练一些小型歌剧，黄绍强和二哥黄绍振都积极参加。黄绍强记得自己曾参演过一部叫《小小画家》的歌剧，在剧中，二哥扮演画家，他扮演小猫，出演过很多场，很受欢迎。

1937年夏末，黄绍强从作矾小学毕业。此时，卢沟桥事变爆发，全面抗战拉开了序幕。8月末，潮汕地区即处于日寇铁蹄的威胁之下，与作矾小学对口升学的汕头聿怀中学朝不保夕，时任校长陈泽霖决定暂时停办学校，待迁至新址后再择机复学。海丰一带没有别的中学可上，黄绍强因此辍学在家。

辍学的半年时间中，黄绍强并没有闲着，席卷全国的抗日浪潮涌到海丰一带时，年幼的他毅然加入了救亡图存的运动之中。

当时，黄绍强和大哥黄绍忠一起参加了抗日宣传队，在田墘镇以文艺演出的形式鼓励抗战。在谈起这段往事时，他激动地回顾说：

"我们演出的话剧叫《不堪回首望平津》，说的是老百姓逃难的事。我男扮女装，主演流亡的小姑娘。我们演得特别认真，台下看的人很多，也很动情。演着演着台上台下就越来越激动，抓到'汉奸'了，台下无数的观众眼含着泪水一起高喊：'杀！杀！'那时我就想，长大了，我一定得为国家做一点事情。"

1938年春节前夕，黄绍强和哥哥黄绍忠、黄绍振终于等来了聿怀中学的复学通知，他们被告知聿怀中学已搬迁至揭西县五

经富镇的北山村，新老学生一律于春节后去学校报到。

聿怀中学创办于 1877 年，是一所有深厚文化底蕴、悠久办学历史的学校。"聿怀"二字取自《诗·大雅·大明》中的"维此文王，小心翼翼，昭事上帝，聿怀多福"，寓意"笃念""胸怀广阔"。聿怀中学在 140 余年办学历史中，培养了一大批中国现当代史上著名的专家学者，仅两院院士就有 6 位，享誉广东乃至全国。

辍学大半年的黄绍忠、黄绍强读书心切，于 1938 年正月初四出发，晓行夜宿，穿越海丰、陆丰、揭阳，步行整整四天，行程 200 余千米，抵达五经富镇北山村的聿怀中学时，兄弟俩双脚都是血泡。在聿怀中学报到后，大哥读高中，黄绍强读初中。不久，二哥黄绍振也辗转而来，兄弟三人同在聿怀中学求学。

一座破旧的两层小楼，外加围绕小楼搭建的十几个茅草棚子，就是搬迁至此的聿怀中学。两层小楼属于高中部，茅草棚子是初中部，黄绍强当时就在茅草棚中上课学习，吃饭、住宿也不例外。冬天，茅草棚四面透风；夏天，茅草棚里蚊叮虫咬。

但是，简陋的条件并不可怕，恶劣的读书环境及整日的饥饿才最难熬。

就算是在茅草棚子里读书学习，也整天让人提心吊胆。日寇的飞机三天两头侦察飞行，看见可疑的目标，轻则来一阵机枪子弹，重则扔下几颗炸弹，安全没有保障。因此，只要一听到飞机的轰鸣声，上课老师立马提起小黑板，紧急招呼学生们钻进甘蔗地里，然后继续在密不透风、虫蝇肆虐的甘蔗林中上课和读书，直到敌机远去。有时敌机来得太频繁，孩子们干脆就整天在甘蔗林上课，朗朗的读书声响彻大片的甘蔗林。

后来，甘蔗林也遭受到敌机扫射，为避免伤害事件的发生，师生们就转移到较远的山洞里上课，平日里就像打游击一样，以至于精神都高度紧张。可即便如此，学校的教学依旧在努力坚持。

一天夜里，有一间茅草棚子突然失火，师生们不顾危险，奋力扑救，虽然扑灭了火，可草棚子只剩下几根烧焦了的木头。天一亮，师生们把经历火灾后的草棚收拾干净，继续上课。

由于时局动荡及山区运输困难，供给无法保障，聿怀中学师生一天三顿只能吃稀饭，而且不能管够，菜就更谈不上了，黄绍强及同学们整日里饥肠辘辘，吃完饭没多久肚子就咕咕叫唤。

除了上课、吃饭都难以保障，其他生活条件同样困扰着师生们，洗澡、洗衣、上厕所等，每一件琐事都常常让他们一筹莫展、苦不堪言。

　　尽管如此，聿怀中学的师生们秉持"乐观向上、自强不息，穷不堕其志、困不毁其规"的校训，不仅白天坚持在敌机骚扰下上课，晚上还要求上自习，老师轮流辅导、监督。他们自制灯具，在菜碟子或者墨水瓶里装一点豆油或菜油，弄一根棉纱做灯捻子，点亮后用来照明读书。

　　困境中的聿怀中学保持着高水平的教学质量，黄绍强在语文、数学、物理、化学、英语、动物学、植物学等课程上都保持着前几名的成绩。除文化课程外，学校的文体娱活动也很丰富，在球类比赛、歌咏比赛、话剧表演等活动中，黄绍强都是积极分子。

　　1939年4月，日寇的铁蹄迫近揭西县，形势急转直下，聿怀中学被迫停课。一个月后，情况有所缓和，学校又开始复课。1939年8月底，为形势所迫，聿怀中学又迁至距离五经富镇10千米外的揭阳古沟，由于管理的需要，聿怀中学并入同样搬迁至此的韩山师范学校，黄绍强就在该校的初中部继续学习。

　　1940年初，聿怀中学从韩山师范学校分离，迁回原来的北山村复校。这段时间由于学校处在不停搬迁与拆分合并之中，教学因此受到了比较大的冲击，师资不稳，上课也时断时续，同学们很难正常学习。

　　有一天，由于敌机轰炸，他们躲到山坡上，黄绍强亲眼见到五六架敌机俯冲下来，把附近一个山村的几座民房全部夷为平地，黄绍强心里无比愤慨，拳头攥得紧紧的。

　　第二天，当他看见一轮红日从地平线上升起时，突然产生了一个想法，他决定把自己的名字改为"旭华"，寓意中华民族如旭日东升般崛起、强大，永远不再受欺侮！

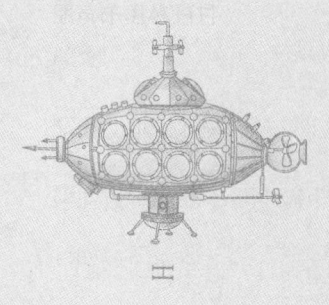

坎坷凶险去求学

1940 年初，由于大哥思想进步，在学校成立了进步学生社团"狂呼社"，排练演出《放下你的鞭子》等抗日话剧，反对国民党消极抗日，引起了当地政府的强烈不满，当地政府威逼学校开除黄绍忠。大哥只好离开聿怀中学，并决定远赴抗战大后方广西省，去桂林中学读书。

临行前，大哥对弟弟旭华说，如果聿怀中学依然难以坚持正常的学习，建议他也去桂林中学读高中。

1940 年夏天，日寇已经侵占揭阳等地，栖身山区的聿怀中学已经很难坚持。于是，黄旭华想起了大哥的话，随即辞别培育他两年半的聿怀中学，计划紧跟大哥的步伐，去桂林中学读高中。

离开聿怀中学后，黄旭华首先直奔梅县，一来梅县当时还比较安全，二来他听说大哥还在梅县。抵达梅县后，才知道大哥已离开梅县去桂林了。黄旭华思考此时赶往桂林无论如何也赶不上桂林中学的招生考试，便决定暂时先投考梅县当地的中学，读完一年后再去桂林。然而，当时梅县的几所著名中学招考时间都结束了，仅有广益中学尚在招考，黄旭华别无选择，投考了广益中学高中部，并被顺利录取。

1940 年秋，黄旭华进入广益中学读高一，虽然当时教学还算稳定，可黄旭华却没心思读书。家乡已经被日本人占领，他与家人已失去联系，他既担心家人的安危，又焦虑自己的经济困境。他居无定所、食无保障，三天两头挨饿，大部分时候靠同学及好心人接济度日。

1941 年 6 月初，黄旭华已经身无分文，他不愿再找别人借钱，时局动荡也无法打工，又实在拉不下面子去乞讨，只好饥肠辘辘地躺在出租屋内。整整三天，除了几杯凉水，他粒米未进，饿得几近虚脱。幸好天无绝人之路，到第四天时，他奇迹般收到了家里的汇款。他兴奋不已，盘算着桂林中学的招生考试也临近了，于是，他揣着汇款，匆匆辞别广益中学，和几位同学一起结

伴向桂林进发。

1941 年 6 月，黄旭华与同学先坐汽车从梅县到兴宁，抵达兴宁城时，正赶上日本飞机的狂轰滥炸，他们眼瞅着即将入住的旅馆顷刻间化为一片废墟。见此情景，他们不敢逗留，费尽周折坐上了一位盐商贩鱼的车到了韶关。

抵达韶关后，黄旭华得到了大哥的消息。大哥考进桂林中学后，于 1941 年夏季考取了国立中山大学[①]，并已经到西迁至广东北部乐昌市坪石镇的国立中山大学报到学习了。有了大哥消息的黄旭华不顾舟车劳顿，迅速从韶关赶到坪石，终于见到了心心念念的大哥。可是，由于大哥心中的理想目标并不是国立中山大学，学习一阵子后更是觉得国立中山大学不适合自己，就想去重庆投考国立交通大学[②]。几天后，大哥从国立中山大学退学，带着黄旭华离开坪石，并于 8 月初赶到了桂林。

到桂林后，黄旭华恰好赶上桂林中学的入学考试，并被顺利录取。大哥将弟弟安顿妥当后，也启程赴重庆追逐自己的理想去了。

---

① 国立中山大学：今中山大学的前身。
② 国立交通大学：起源于 1896 年创办的南洋公学、山海关北洋铁路官学堂与铁路管理传习所。民国时期的国立交通大学在中华人民共和国成立后演变为西安交通大学、上海交通大学、西南交通大学、北京交通大学和台湾交通大学等五所著名高校。

桂林中学创立于清末，有着 120 余年的办学历史，是广西最著名的中学。抗战时期的桂林中学实行半军事化管理，学生全部住校，男生必须剃光头、女生只许留短发，统一着蓝色制服，打绑腿、系腰带，佩戴胸章和领章。胸章上有每个人的名字，领章上星星的数量代表不同的学生类型，一颗星是初中生，两颗星是高中生。平时不准外出，星期天经批准可以外出，但必须"全副武装"，并在规定的时间内返校。学校还设有禁闭室，触犯纪律、违反校规、私自外出者都要关禁闭。

黄旭华他们住的是大统舱，枪架上整齐地摆放着给每人配发的木制长枪。每天早上要背着枪"全副武装"上操，被子要叠成豆腐块并摆成一条线，衣着必须干净整洁，随时接受校长或者教官的内务检查，礼拜天也不例外。

当时桂林中学的班级按进校顺序流水编号，黄旭华这届有两个班，分别是高 35 班、高 36 班，前者是理科班，后者是文科班，黄旭华在高 35 班，高中的学制为 3 年。据黄旭华回忆，桂林中学当时课程设置齐全，教学管理严格，每门课每学期要考试四五次，学习的强度和压力极大，淘汰率也很高。

抗战初期，桂林作为大后方，文化名流云集，给桂林中学创造了良好的办学条件，输送了大量优秀的师资，许多教员在当时

都具有很高的名望。

柳亚子的女儿、宋庆龄的秘书、我国著名翻译家、后出任过国民政府外交部政策委员会秘书长等要职的姑苏才女柳无垢是黄旭华的英语老师。柳无垢见闻广博、外交阅历深厚，教学理念与方法先进，英语口音纯正，课堂内容丰富，这让黄旭华耳目一新，他上课听得津津有味、课后仍觉意犹未尽，英语读、听、写的能力迅速提高。

此外，柳无垢消息灵通，在课堂上总能给他们带来许多时政要闻及"第二次世界大战"进程的消息，很受关心时局的学生们欢迎。不仅如此，她光明磊落、极富正义感，常常在课堂上抨击时政、揭露国民党政府的腐败。

柳无垢热忱善良、和蔼可亲，课余和学生们交往密切，与学生们关系非常融洽，成为黄旭华及同学们最喜欢的老师。

数学老师许绍衡原本就是大学数学教授，黄旭华非常喜欢他教的代数课。许老师讲课深入浅出、条分缕析、引人入胜，让黄旭华深深地爱上了这门课程，黄旭华后来将听课笔记整理成了一本《大代数讲义》，一辈子都带在身边。由于许绍衡的引领，黄旭华的数学和物理成绩都很出色，这为他日后报考国立交通大学及后来在科技攻关上取得巨大突破奠定了扎实的知识基础。

除柳无垢老师、许绍衡老师外，唐棣老师、朱光福老师也给黄旭华留下了美好的回忆，他们在教授学生知识的同时，对学生的关怀也是无微不至。

在 3 年严格、系统的学习中，黄旭华还与以体谋、吴道生、强自强、汪胡熙等同学结下了深厚的友谊，这些同学不仅读书时成绩优异，后来也在各自的领域为国家做出了巨大的贡献。

1944 年 6 月，黄旭华毕业在即，可此时由于长沙战事失利，桂林的形势急转直下，桂林中学只得取消一切常规安排，给毕业生发放临时毕业证后即通知他们毕业离校。突如其来的变故，让黄旭华及同学们无法在桂林报考任何大学，只能尽快离开桂林，向重庆进发。于是，黄旭华又开启了一场曲折艰难的跋涉。

1944 年 6 月底，黄旭华和强自强、吴道生、汪胡熙、以体谋等同学一道，乘火车离开桂林到达柳州，可是柳州同样朝不保夕，只得继续赶往贵阳。当时，柳州火车站人山人海，人们拼命往火车上挤，黄旭华好不容易挤上了火车，但行李丢了个精光，而且只能站在车厢门口，紧抓住车厢的门把手才不至于掉下去。

车开动后，随着时间流逝，黄旭华的手开始发麻，一个闪失摔下去可就没命了，怎么办呢？黄旭华灵机一动，他把长裤脱了，将一个裤腿系在自己的腰上，另一个裤腿系在门把手上，这

样手就可以解放了，还时不时可以打个盹。

火车走走停停，沿途要让军用列车先通过，行驶了好几天，才总算开到了贵州的独山。到了独山后，乘客们被告知火车不能继续往前走了。此地距离贵阳还有300余千米，唯一的交通工具是汽车。黄旭华他们在此盘桓了两个星期才终于坐上汽车，经过两天两夜的颠簸来到了贵阳。

到达贵阳时，黄旭华等几位同学参加了唐山交通大学在此举办的招生考试，之后四处奔波，设法寻找去重庆的交通工具。

天无绝人之路。吴道生的父亲是国民党的高级将领，当他得知孩子们的情况后，立刻与贵阳的军方取得了联系，然后拦住了一辆运送炸药去重庆的军车，让他们坐在充满危险的炸药箱上面。经过数日的艰苦跋涉，他们终于在1944年8月底有惊无险地抵达战时陪都重庆。

然而，黄旭华到达重庆时的喜悦很快被残酷的现实驱赶得一干二净，此时各所大学的招考均已结束，虽然得知被唐山交通大学录取了，可他已经无法再回到贵州。同学们各自散去，黄旭华心中涌起无尽的伤感，一片茫然，不知该怎么办。

黄旭华别无选择，只好试着寻找大哥。所幸，大哥也在找他，于是兄弟两人在重庆重逢了。原来大哥到重庆后如愿考入国立交通大学，可随即又萌生了去国立西南联合大学读政治学或者经济学的意愿。他预计三弟在桂林疏散后一定会来重庆，因此决定暂时留在重庆等候弟弟。

大哥非常能干，将弟弟安排在一家炼油厂打工，并嘱咐好下一步的读书事宜，然后就赶赴云南昆明，投奔国立西南联合大学去了。

不久，由于像黄旭华这样错过大学招考、流亡到重庆的中学生很多，国民政府教育部迫于舆论压力就在重庆江津区白沙镇特设大学先修班，专门招收已高中毕业的学生，为他们来年报考各高校提供一个学习及栖身场所。黄旭华得知这一消息后，立刻报名进入这个先修班学习。

这个先修班的学习条件及师资都不错，吃、住、学费全免，入读的学生也都是怀揣着梦想来的，因此很珍惜这样的机会，学习刻苦、学风端正，后来从这个先修班中走出了许多高级研究和建设人才。

在这个先修班的学习过程中，黄旭华深刻反思了曲折求学过程中的种种遭遇，深切感受到了国家积贫积弱的痛楚，基于在颠沛流离的学习中所积累的对科学技术的认知，他改变了自己做一名好医生的初衷，决定学习科学技术，走科学救国的道路。

　　一年的时间转瞬即逝，如同白驹过隙。1945 年 7 月，各大学的招生考试拉开了帷幕，黄旭华践行了科学救国及小时候造大船的愿望，报考了国立交通大学造船系。考试结束后，他回到了先前的那家炼油厂打工，等待录取通知。

　　不久，黄旭华意外得到了被中央大学航空系录取的消息。原来，由于黄旭华成绩优秀、表现良好，获得了先修班里的秘密保送资格。

　　8 月 15 日，国立交通大学的录取结果公布了，在造船系录取名单上，排在第一位的就是黄旭华。黄旭华百感交集，尽管历经艰辛，但梦想终于启航。他没有犹豫，放弃了就读中央大学航空系，毅然决然地选择就读国立交通大学造船系。

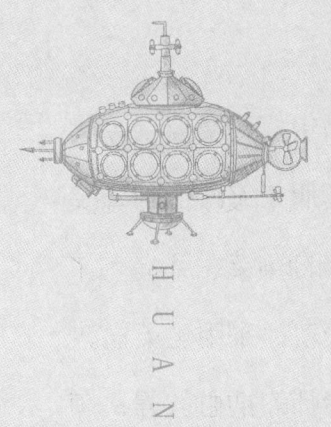

山茶花香

1945 年 8 月 15 日，日本宣布无条件投降，中华民族取得了抗日战争的胜利。黄旭华感到精神振奋，对自己的前途、对国家的前途充满希望。

1945 年 9 月，黄旭华去当时尚在重庆的国立交通大学报到，开启了他的大学生活。1946 年 4 月 8 日，黄旭华随着国立交通大学整体复校而来到上海，在徐汇校区学习。

在大学的前两年，黄旭华住在一幢叫新中院的两层宿舍楼里。这幢房子像一座四合院，黄旭华陆续住过 106 室和 204 室。到了大学三年级，黄旭华搬到了上院，住在 319 室。大学四年级时黄旭华住进了西斋的 130

号房间，穆汉祥烈士住在隔壁 128 号房间。新中院和西斋至今保存完好，见证了国立交通大学的发展历史，黄旭华每次返回母校都要去当年的宿舍看看，回忆在国立交通大学的峥嵘岁月。

当年，国立交通大学的教学完全与国际接轨，采用全英语教学。因为较早学习英语，又有柳无垢等优秀老师的精心教导，一直对英语能力比较自信的黄旭华竟然在全英语教学场景中显得左支右绌，非常吃力。他没有退缩，找准短板，夙夜匪懈，通过一段时间补习与适应，逐步跟上了学习节奏。

在造船系，黄旭华得到了一大批名师的耳提面命，为他在后来的核潜艇研制中打下了扎实的专业知识基础。

叶在馥教授，造船系的系主任，先后留学英国、美国，毕业于麻省理工学院，是我国早期船舶设计及造船专家，他给黄旭华他们讲授船舶建造方面的课程。他实践经验丰富，注重理论与实践相结合，给予了黄旭华深厚的专业滋养。

辛一心教授，是叶在馥之后的造船系主任，我国著名的造船学家和教育家，当代中国船舶设计和科学研究机构的创始人。辛一心先后给黄旭华他们讲授过"造船原理""船舶结构""流体力学""弹性力学"等专业课程，他国文基础雄厚，文理兼备、学贯中西，教学不仅认真负责，而且生动活泼、逻辑性强，深得学生的敬重与爱戴。

现在已经 105 岁高龄的中国科学院院士杨槱教授也曾教过黄旭华，也是黄旭华在国立交通大学造船系读书时唯一健在的老师，当年他的船舶建造的课程让黄旭华受益匪浅。讲授船舶动力及推进课程的王公衡老师，虽然在专业学习上非常严格，但对于黄旭华参加进步学生运动影响学习的事却采取睁只眼、闭只眼的态度。

黄旭华在国立交通大学不仅通过认真学习打下了坚实的专业基础，还积极投身于轰轰烈烈的学生运动，并实现了从一名进步学生到一位共产党人的蜕变。

1946 年夏末，与黄旭华同时考入国立交通大学航海系的学生于锡堃找到黄旭华，说他文艺天赋那么好，应该好好发挥，动员黄旭华加入由他在重庆发起和创办并在上海得以恢复的学生社团"山茶社"。山茶社是一个以学习唱歌、民间舞蹈、短剧、影子戏为主要内容的学生社团，主要在校内组织辅导文艺活动，团结学生。

其实，黄旭华对山茶社并不陌生，该社成立初期在国立交通大学渝校演出过许多剧目，川剧《啷个办》和秧歌剧《王大娘补缸》鞭挞了国民党军队消极抗日的丑态及压迫人民的暴行，让黄旭华产生了强烈的共鸣。"大家唱""大家跳"等传递进步思想的文艺活动也给黄旭华留下了深刻的印象。当时，黄旭华就想加入山茶社，只是不得其门而入。现在于锡堃找上门来，黄旭华求之不得，满口应承。

加入山茶社后，黄旭华逐渐明白了这其实是由中国共产党地下党主导的学生社团，取名山茶社是由于山茶花具有傲霜斗雪、不畏严寒的品质，比喻革命青年不要做温室里的花朵，而要做扎根于人民之中的火红吐艳的山茶花。黄旭华有很好的文艺基础和表演天赋，不仅会扬琴弹奏、口琴演奏，在入读国立交通大学后又学会了小提琴，因此多才多艺、自小擅长文艺表演的黄旭华进入山茶社后如鱼得水，可以引吭高歌、演奏乐曲、指挥合唱，表现积极踊跃，很快成为山茶社的骨干分子，同时也引起了中国共产党地下党组织的关注。

山茶社平时公开的活动是组织学生学习歌舞、编排并演出一些经典及进步的话剧、教授乐器演奏等，《觉醒》《农作舞》《典型犹存》等反帝、反封建、反国民党统治的剧目在校园内产生过很大的反响。而在山茶社内部，则组织骨干力量学习艾思奇所著的《大众哲学》及《共产党宣言》《新民主主义论》《论联合政府》等革命书籍。当时，黄旭华、厉良辅、金凤等人都是新加入的学

习积极分子。

山茶社最核心的工作是组织学生运动，宣传革命思想，配合中国共产党上海地下党组织的工作。山茶社所组织和发起的学生运动主要有 1947 年 5 月的护校运动、1948 年 5 月 4 日的"五四营火晚会"及 1949 年初的上海解放运动，黄旭华是这三项活动的主要参与者及组织者之一，不仅发挥着重要的作用，而且自己也在这个过程中受到良好的锻炼，经受了血与火的洗礼。

1948 年初，由于山茶社的影响和规模越来越大，并且进步思想越来越明显，社长于锡堃被国民党秘密逮捕，国民党特务对山茶社的监视日益频繁。为安全起见，党组织安排山茶社进入休眠状态。

1948 年 4 月，国立交通大学校内又出现了一个名叫"大江歌咏团"的新学生社团，专门组织大学生开展音乐合唱、诗词朗诵及舞蹈表演，逐渐吸引了大批学生的加入。然而，细心的同学慢慢发现了蹊跷，这个社团里的核心成员大都是山茶社里熟悉的面孔。

原来，大江歌咏团是以山茶社的合唱团为班底成立的，而山茶社的活跃分子本就是合唱团的成员，因此大江歌咏团差不多就是山茶社换了个名称，像许健、黄旭华、魏瑚、厉良辅、金凤等山茶社的重要成员依然活跃在大江歌咏团中。中国共产党地下党组织当时考虑到国民党特务的目光紧盯着山茶社，于是利用休眠的山茶社做掩护，以大江歌咏团为新的阵地开展宣传活动。

此时，黄旭华已经得到了中国共产党地下党组织的信任，大江歌咏团就是以他的名义注册成立的，黄旭华被指派为大江歌咏团的负责人。

然而到了1948年底，国民党特务很快嗅出了端倪，发现山茶社已经金蝉脱壳，化身为大江歌咏团。此时，鉴于全国解放的形势和当时国立交通大学地下斗争的需要，中国共产党地下党组织毅然决定撤销山茶社和大江歌咏团，同时成立了一个新的学生组织"晨社"，活动内容与方式则完全有别于以前的山茶社和大江歌咏团，与国民党特务斗智斗勇。

晨社寓意上海和国立交通大学即将迎来解放。晨社的社员基本上还是山茶社和大江歌咏团的成员，不过核心成员不再出现在社员名册中，以此迷惑国民党特务。此时，黄旭华已经秘密加入了中国共产党，鉴于他没有暴露，党组织再次对他委以重任，让他出任晨社的社长。

1949年初，黄旭华带领晨社的同学继续坚持与国民党特务进行斗争，同时协助中国共产党地下党组织做好保护国立交通大

学、筹备迎接上海解放的部分工作。

山茶社是国立交通大学学生运动史上的一座丰碑，也是中国共产党地下党组织领导学生反对国民党统治、追求真理和正义的战斗堡垒，它如同火红的山茶花一样始终映照和激励着莘莘学子为建设强大的国家而筚路蓝缕、自强不息。在今天的上海交通大学，原山茶社的旧址处种有一片山茶树，立了一个山茶社的纪念碑，以纪念山茶社如火如荼的光荣岁月，同时也见证了国立交通大学中国共产党地下党的革命历史。

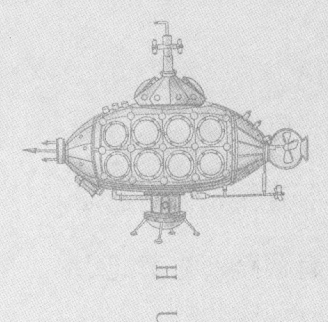

智斗敌特

　　1948 年底，全国解放的形势渐趋明朗，但国民党不甘失败、困兽犹斗。在上海及国立交通大学，国民党特务对中国共产党地下党及进步人士开始了疯狂的抓捕，黄旭华等地下党员及进步学生面临着一场腥风血雨。

　　1948 年岁末的一天，深夜 12 点左右，黄旭华的好友同时也是室友的厉良辅已经沉沉睡去。黄旭华回来较晚，正要上床时，敲门声骤然响起。黄旭华问："谁，啥事情？"门外回答说让厉良辅马上去学生会开会。黄旭华推醒厉良辅，告诉他有人通知他去开会，厉良辅立马起来穿好衣服，晕乎乎地就准备出去。

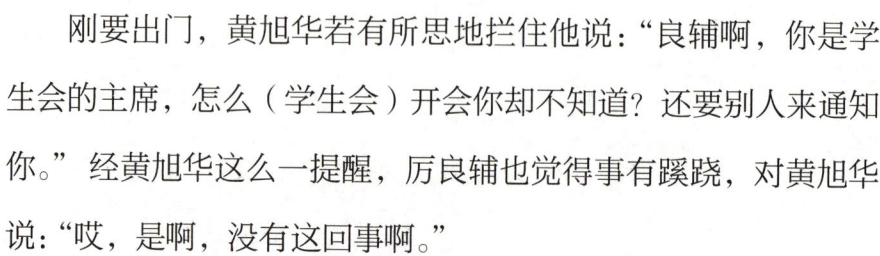

刚要出门，黄旭华若有所思地拦住他说："良辅啊，你是学生会的主席，怎么（学生会）开会你却不知道？还要别人来通知你。"经黄旭华这么一提醒，厉良辅也觉得事有蹊跷，对黄旭华说："哎，是啊，没有这回事啊。"

他们俩住西斋一楼，宿舍的窗户外有一个烧开水卖钱的老虎灶，晚上没有人值班。黄旭华拉着厉良辅朝窗外一看，发现老虎灶旁的树底下竟然蹲着几个人。黄旭华和厉良辅立刻警觉起来，他们寻思，这大半夜的，几个人蹲在那里干什么？学生会怎么可能这么晚开会？联想到最近国民党特务经常混进上海各高校抓人，厉良辅是学生会主席，又是山茶社骨干成员，经常带领同学们开展进步学生运动，偶尔还与国民党特务及警察发生直接对垒，虽然他当时还不是地下党组织成员，但是早就进入了国民党特务的黑名单。因此，他俩认为通知开会应该是抓捕厉良辅的一个圈套，黄旭华意识到问题的严重性，攥住厉良辅的手坚定地说："你不能去！"

突然，敲门声再次响起，催促厉良辅赶紧去开会，黄旭华故意大声说："厉良辅已经走了，开会去了。"

可是，宿舍的走廊上一直有国民党特务，他们并没有看见厉良辅出门，自然不会相信。接着，就传来钥匙开门的声音，特务们急了，想直接冲进来抓人，黄旭华和厉良辅赶紧把房门死死顶住。

此刻，情况万分危急，黄旭华明白，门是顶不住的，顶着也不能解除危险，必须想其他的办法。黄旭华突然想到当时特务们还不敢明目张胆抓人，于是急中生智，不停地大声呼叫："同学们，特务来抓人啦！特务来抓人啦！"顷刻间，整幢宿舍楼都轰动了，愤怒的同学们手持棍棒、扫帚纷纷涌向他们宿舍。国民党特务见势不妙，又不敢在校园内明火执仗地行凶抓人，只得仓皇而去。

就这样，在黄旭华及同学们的帮助下，厉良辅逃过了一劫，但是他无法再待在学校了。天亮后，中国共产党地下党就安排他离开了国立交通大学去往皖西解放区。后来，厉良辅正式加入中国共产党，并被派去苏联学习水利技术，中华人民共和国成立后他成为我国著名水利工程专家和杰出的高校管理者。

1949 年 4 月 20 日前后的一天，国立交通大学有同学通过特殊渠道得到消息，说国民党特务这两天要来学校进行大逮捕，黄旭华作为大江歌咏团及晨社的负责人赫然列在黑名单中。山茶社社员，同时也是黄旭华的入党介绍人魏瑚受国立交通大学地下党组织指派找到黄旭华，通知他赶紧撤退，并塞给他一个银元作为

撤退的路费。

黄旭华等地下党员撤退后，在校外一个安全的住所观察了两天，发现没有任何动静，一打听才知道那两天国民党特务并没有去国立交通大学抓人，他们就返回了学校。事后得知，国民党特务计划抓人的消息是准确的，可这些特务在出发前罢工了，要求当局把工资和补贴发了再去抓人，由于这个变故，策划好的大逮捕因此流产了。

可是，在大逮捕流产后的第三天夜里，因为上海解放在即，黄旭华与一些山茶社的社员在做一些迎接解放的准备工作，一直忙到深夜。凌晨一两点钟，黄旭华回到宿舍休息，刚上床准备躺下，突然传来一阵阵机关枪"哒哒哒"的扫射声，由远及近往学校方向而来。黄旭华及同学们异常兴奋，以为是解放大军入城了，赶紧起来穿衣服准备迎接解放军。

黄旭华穿好衣服，拿起欢迎解放军的条幅，刚迈出宿舍门，却发现一群国民党宪兵冲进来，并大声嚷道："不准动！不许动！待在宿舍不准出来！"黄旭华顿时明白是国民党进来抓人。怎么办？黄旭华心里明白不能再回房间了，他的宿舍一边是穆汉祥的房间，另一边是洗漱间兼厕所，他闪身折进了洗漱间。洗漱间有一个很长的洗脸、刷牙及洗衣服用的水泥槽，黄旭华情急之下躺进这个水槽底下躲起来。这个水槽的位置比较低，在夜里不弯下腰仔细看不容易发现里面藏有人。在洗漱间里，他听见国民党宪兵在一间一间地清点宿舍抓人。

没多久，有个学生来洗漱间洗脸，意外发现了水槽底下藏有人，弯腰低头一看是黄旭华。这个同学知道宪兵正在各个房间搜捕他，于是悄悄告诉他老躲在水槽底下不是办法，迟早还是会被发现的，这会儿二楼和三楼之间的宪兵正在换岗，中间有一个时间差，而且三楼已经查过了，估计已经无人把守，建议黄旭华趁他走出洗漱间之机赶紧躲到三楼去。

黄旭华觉得这个同学的话很有道理，躲在这个同学的身后走出洗漱间，并迅速冲上了三楼。上三楼后，也来不及多想，随便推开一间房门就躲进去了，里面没人，估计也都跑掉了。黄旭华刚躲进房间就听见楼下国民党宪兵大叫："岂有此理！三个房间里的人都给跑掉了！"原来，这三个房间里的黄旭华、穆汉祥和另一位地下党员正是国民党宪兵当晚要逮捕的人。

后来，有人要盘查黄旭华这件事，追问他当时进的是哪间宿舍，是谁住在里面，黄旭华根本不知道。幸运且巧合的是，此时却有人站出来为他作证了。

黄旭华当时躲进的这间宿舍，是后来出任第七届全国人大常

委会副秘书长的李钟英在国立交通大学读书时所住的宿舍。李钟英同样也是共产党员和山茶社成员，虽然比黄旭华低两届，但比黄旭华更早加入中国共产党。李钟英知道这件事后，证明黄旭华当晚就是躲进了他的宿舍。

原来，黄旭华那晚最后离开那间宿舍时，黑暗中不小心弄掉了一只鞋子，又不敢多耽搁，于是光着一只脚离开了宿舍及学校。李钟英第二天发现宿舍里有一只鞋，询问多人后才知道那只鞋子是黄旭华的，并确定他已经成功逃脱了抓捕。人证物证俱在，事情的过程及逻辑清晰，盘查人员就哑口无言了。

可是，黄旭华隔壁的地下党员穆汉祥却在这次大逮捕中惨遭厄运。穆汉祥头一天晚上本来和黄旭华一样，逃脱了抓捕，可由于他手头还有重要工作尚未交代，于是第二天又冒险回到学校，结果国民党特务杀了一个回马枪把他逮捕了，与他一同被捕的还有国立交通大学化学系学生、学生自治会执委干事、"真假和谈"辩论会的主席史霄雯。两人被捕后被国民党特务秘密关进警察总局死牢，遭受了各种酷刑和逼供。中共上海地下党组织想尽各种办法营救无果，国立交通大学时任校长王之卓也亲自打电话给市警察局长毛森，但毛森矢口否认警察局里有这两个人。

穆汉祥、史霄雯俩人宁死不屈，于 1949 年 5 月 20 日被国民党特务押到上海闸北宋公园（今闸北公园）秘密杀害。

　　1949 年 4 月底，国民党军队进驻了国立交通大学，将在校学生全部赶出了校园，整个校园变成了一座军营，实验室都被他们当成了马厩使用。1949 年 5 月 28 日，上海全城解放，黄旭华等国立交通大学的学生全部返回校园，整理好被国民党军队破坏的校舍，恢复了正常的教学秩序。

　　1949 年 6 月中旬，黄旭华从国立交通大学正式毕业，结束了充实、惊险而又精彩的大学生活，在交通大学四年的学习与生活，为黄旭华的人生道路奠定了坚实的基石。

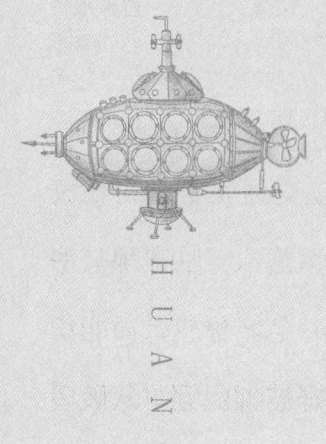

结缘核潜艇

1949 年夏天，黄旭华从国立交通大学毕业，走出校门就赶上了一个焕然一新的时代，他心潮澎湃，渴望给国家贡献力量，期待实现自己的梦想。

由于心里牵挂父母及家人，且家乡尚未解放，黄旭华起初想报名参军，希望能亲自参与解放家乡的战斗。但是，组织上通知他去上海市委党校学习，他没有丝毫犹豫，愉快地接受组织的安排，收拾好行李前往党校报到。

在上海市委党校，黄旭华通过系统地学习中国共产党的历史、共产主义的理论、共产党的章程与纪律，愈加坚定了自己的革命信念。在那里，他见到了陈毅、谭震林等多位领导人，聆听了他们精彩的报告，提高了自己对革命的认识、开拓了知识视野。尤其是上海市市长陈毅的几场演讲给黄旭华留下了深刻的印象。陈毅演讲从来不带讲稿，即兴发挥、洋洋洒洒，每场报告都精彩纷呈、座无虚席。大半个世纪过去了，黄旭华至今都能回味起陈毅当年的激情澎湃。

3 个月的学习时光很快就过去了。1949 年 10 月，黄旭华结束了在党校的学习，组织上依据黄旭华的能力和专业背景，将他分配至上海市军事管制委员会华东区船舶建造委员会船舶建造处。

在船舶建造处，黄旭华的工作是去所属各船厂做技术指导。当时的船厂主要是对征集来的客轮和货轮进行改装，以方便加装武器等军事装备。黄旭华的老师辛一心出任船舶建造处处长，他在课堂外再一次得到了老师的指导，专业能力首次在实践中得到了锻炼。

1950 年 9 月，船舶改装工作基本完成，船舶建造处的使命结束了，黄旭华被调到了轮船招商局工作。

在轮船招商局，黄旭华担任局长于眉的秘书。于眉办事干练、雷厉风行，工作务实，强调用数据说话，黄旭华深受其影

响。黄旭华的工作认真踏实，积极主动，得到了于眉的称赞。

一年之后，交通部上海区港务局需要一名有能力、有活力的年轻人主持共青团工作，黄旭华经过上级考察被委以重任，于是再次接受组织的安排，赴交通部上海区港务局工作，出任团委书记。

黄旭华不负众望，凭借自己的能力、经验和责任感，不仅很快适应了新的工作，而且在很短的时间内让共青团工作变得生机勃勃。在这里，黄旭华有了意外的收获，在工作中认识了上海姑娘李世英，这个漂亮的姑娘后来成为了黄旭华的终身伴侣。

无论是招商局的秘书工作还是港务局的共青团工作，黄旭华都兢兢业业、恪尽职守，工作成绩都非常出色，但这些工作却不是黄旭华内心所热衷的。比起做行政工作，他更愿意拿起铅笔、圆规去绘制图纸，或者挽起袖子到船厂去与钢板、螺丝打交道。

从事专业技术工作，才是黄旭华心之所向，才是通向自己的梦想之路。因此，黄旭华一方面尽职做好上级安排的工作，另一方面积极寻找回归技术工作的契机。

1953年1月，第一机械工业部在上海组建新的船舶工业管理局，黄旭华多位大学同学进入了这个单位，就连辛一心老师都出任了该局设计处处长。黄旭华得知这个消息后动心了，他想进入船舶工业管理局从事他喜欢的专业技术工作。

一次阴差阳错与机缘巧合，让黄旭华得偿所愿进入船舶工业管理局，并被安排在船舶实验筹备处工作。由于该处正处于初创阶段，黄旭华一方面在技术组从事与船舶试验相关的技术工作，同时出任秘书组组长，协调相关的筹建工作。

1953 年底，国家抽调相关人员组成代表团赴当时的民主德国①考察，黄旭华作为船舶工业管理局的代表成为考察团的成员。在考察过程中，黄旭华认真学习和了解民主德国的造船技术及其发展状况，并收集了造船技术方面的资料。

1954 年 4 月，黄旭华随考察团结束考察任务回国，由于此时我国刚与苏联达成了有关海军舰船转让仿制的协议，回到单位的黄旭华被重新分配到新组建的设计二处，专门负责苏联军事舰船的转让仿制工作。自此，黄旭华开始了自己的军工之旅，依据保密纪律，黄旭华逐渐淡出同学、朋友甚至家人的视野，也不再与他人谈及自己的工作。

在设计二处，黄旭华竟然机缘巧合地再次邂逅出任苏联专家

---

① 民主德国：全称是德意志民主共和国，俗称"东德"，是第二次世界大战结束后由苏联占领区在 1949 年 10 月 7 日建立的社会主义国家。1990 年 10 月 3 日，随着冷战结束，苏联解体。德意志民主共和国正式并入德意志联邦共和国（西德），德国正式统一。

俄语翻译的李世英，两人在工作中擦出爱情的火花，并顺利走入婚姻的殿堂。

所谓转让仿制，就是直接依据苏联提供的技术图纸及相关资料，模仿建造与苏联同型号的各类海军舰船。那时候中国海军还非常年轻，军舰的设计建造几乎是空白，黄旭华等技术人员每天刻苦钻研，认真向苏联专家学习请教，想尽可能快地掌握军事舰船的设计理论与建造技术。

黄旭华在设计二处一干就是两年，通过这些经历，他较好地掌握了舰船设计与制造的基本理论与技术，熟悉了军事舰船的设计制造、测试试验的流程，清楚了军事舰船的动力、武备等系统之间的关系，为日后研制核潜艇奠定了扎实的专业基础。

1957 年底，黄旭华因为政治素质高、组织能力强、专业技术过硬，被船舶工业管理局任命为设计二处潜艇科科长，专门从事苏联某型号的常规潜艇的转让仿制工作。在这项工作中，黄旭华系统地接触了潜艇的设计与制造技术，掌握了潜艇的结构、技术战术性能、武备系统的设计安装，了解了潜艇的各种试验方式与技术条件。正是这一职位和工作，彻底改变了黄旭华的一生，让他得到了"天降大任于斯人"的机会。

1958 年 8 月的一天，船舶工业管理局的领导忽然通知黄旭华马上动身去北京出差，熟悉保密规则的黄旭华二话不说，同妻子打了声招呼便立刻赶赴北京。到了北京后，有关领导郑重地对黄旭华说，国家绝密级的核潜艇研制工程已经启动，依据他的专业背景和常规潜艇仿制经验，上级决定让他参加这项研制工程，并将他分配到核潜艇总体设计组（对外称为"造船技术研究室"）工作，并嘱咐黄旭华直接去海军大院报到，不用再回家了。

黄旭华听完领导的话大喜过望，甚至有些不相信自己的耳朵。他听苏联专家说过，自己也看过相关的资料与报道，知道美国和苏联已经研制出了威力远比常规潜艇巨大的核潜艇，他做梦也没想到研制核潜艇这样光荣的任务会幸运地落到自己头上。

从 1949 年到 1957 年，全世界的科学技术在突飞猛进地发展，虽然战争的硝烟暂时飘散，但大国之间在军事实力上的竞争，却并未停止，不仅美国和苏联两个超级大国在核领域的竞争中你追我赶，而且英法两国的核武器技术也相继取得突破。1954 年 1 月 24 日，美国建成了世界上第一艘核潜艇"鹦鹉螺号"，并在当年试航成功后开始服役。1957 年 8 月 9 日，苏联第一艘核潜艇"列宁共青团员"号也下水首航，美苏两个超级大国的三位

一体核战略 ① 发展成型，并开始具备二次核反击能力 ②。

在这种国际形势下，我国的最高决策层高瞻远瞩，决定倾全国之力，发展我们自己的核事业。于是，我国于 20 世纪 50 年代中期开启了以原子弹、氢弹为代表的大国重器研制工程，并取得进展。1958 年 6 月，最高决策层决定启动导弹原子潜艇研制工程，并成立核潜艇工程领导小组，负责筹划和组织核潜艇的研究设计工作。为保密起见，决策层将核潜艇研制工程命名为"09"工程。

毫无疑问，核潜艇也是至关重要的国防利器，核潜艇研制工程启动之后，最高决策层最初希望得到苏联的支持和帮助，可苏联最高领导人不仅对我们的请求表示出了漠视和回绝，甚至在国防建设上无视我国的主权和安全诉求。面对妄图进行"核垄断"的超级大国的威胁与压力，毛主席痛下决心，字字铿锵地说："核潜艇，一万年也要搞出来！"

黄旭华说，毛主席这句气势如虹的口号，不仅坚定了我们独立自主研制核潜艇的决心，也宣示了中国人民不畏霸权、自强不

---

① 三位一体核战略：指一国同时具备有陆基洲际弹道导弹、潜射弹道导弹和战略轰炸机三种核打击方式的能力。

② 二次核反击能力：指一个国家具备承受第一次核打击后还能再进行核反击的能力，由于陆基核武器和空基核武器很容易在第一次核打击中完全损毁，而核潜艇因为其深海隐蔽性可以得以在第一次核打击中幸存，因此核潜艇通常被认为是二次核反击能力。

息的意志和精神，同时也激励着广大工程技术人员不舍昼夜、筚路蓝缕、奋发图强，去攻克种种技术难关。

黄旭华进入核潜艇总体设计组后，带着饱满的工作热情开始了核潜艇研究工作。1959 年，黄旭华因工作成绩出色升任总体设计组船体科副科长，随即带领相关人员赴上海做核潜艇模型的各类水池试验。1961 年 11 月 14 日，黄旭华由于突出的工作能力被海军部任命为国防部第七研究院"09"研究室副总工程师。1962 年 3 月，经过黄旭华等技术人员三年多的辛苦努力，国防部第七研究院"09"研究室完成了《原子导弹潜艇初步设计基本方案（初稿）》，核潜艇研制取得了初步的进展与成果。

1962 年，由于遭遇经济困难、技术及配套不足，最高决策层为了优先保证"两弹一星"的顺利进行，经过长达 8 个月的犹豫及艰难抉择，最终决定让核潜艇研制工程下马，仅保留少量技术骨干继续研究，而黄旭华幸运地留了下来。

作为火种存续，中央专委[①]组建潜艇原子能动力工程研究所，彭士禄、黄旭华被任命为副总工程师，带领新的团队。一方面继续学习、钻研业务，提升专业技术水平；另一方面重新确定核潜艇重点攻关方向，保持核潜艇研究工作的可持续性。

---

① 中央专委：中共中央为统筹"两弹一星"及核潜艇研制所成立的专门委员会。

1964年1月，潜艇原子能动力工程研究所整体参军入伍，改称国防部第七研究院第十五研究所（代号715所），黄旭华被国防部任命为副总工程师，并被授予少校军衔，黄旭华因此圆了大学毕业后希望成为一名军人的梦想。

时光飞逝，转眼就到了1965年。由于国家经济形势好转，原子弹、导弹工程相继取得突破性进展，黄旭华预感国家有可能重新启动核潜艇研制工程。果不其然，初春的一个早晨，时任国防部第七研究院副院长的于笑虹将军将黄旭华、钱凌白请到家中，让他们代表第二机械工业部、第六机械工业部向中央起草重启核潜艇研制工程的报告。

1965年3月20日，周恩来总理主持召开中央专委会议，正式批准核潜艇研制工程列入国家计划，核潜艇研制工作重新启动。

"虽无飞，飞必冲天；虽无鸣，鸣必惊人。"核潜艇研制工程重新上马，让黄旭华异常兴奋，他带着积蓄已久的热情和希望全力投入到核潜艇的研制之中，并且预感自己的梦想很快就会成为现实。

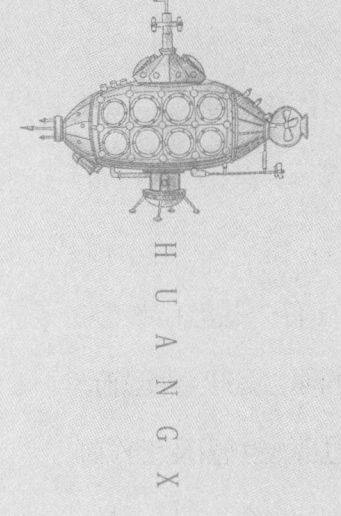

荒岛铁人

1965 年 6 月，依据中央专委的指示精神及核潜艇研制的需要，国防部第七研究院组建了研究核潜艇总体研究设计所（即 719 所）。同时，为了核潜艇建造的便利，研究所地址选定在渤海湾的辽宁省葫芦岛，比邻核潜艇总体建造厂。为了保证第一艘核潜艇按照中央规定的时间下水，新组建的 719 所随即启动了搬迁工作。

于是，719 所的研究人员一批批从北京、大连搬迁到了葫芦岛。被任命为 719 所副总工程师的黄旭华也积极响应上级号召，主动带着夫人李世英以及 8 岁的女儿燕妮来到葫芦岛安家。为了毛主席的"核潜艇，一万年

也要造出来"的誓言，以黄旭华为代表的第一代核潜艇人没有犹豫，没有讨价还价，毅然离开温暖舒适的大城市，开始了他们的荒岛人生。

葫芦岛的形状类似于一个葫芦，这个半岛有一些港口设施，港内水深大、水域阔、冬季港内的海水冻而不硬，是核潜艇建造及试验的理想场所。但当时这里并不是一个适合人生活及工作的地方。

当时的葫芦岛荒芜凄凉、乱草丛生、人迹罕至，几乎没有配套生活设施，交通也极为不便。有一句打油诗是这样形容当时葫芦岛的状况："葫芦岛、葫芦岛，两头大、中间小，风沙多、姑娘少，兔子野鸡满山跑。"

到了冬季，葫芦岛更是寒风凛冽、呵气成霜、滴水成冰。黄旭华戏谑地回忆说，葫芦岛是"一年两次风，一次刮半年"。

当时，葫芦岛不仅自然条件恶劣，生活条件更是艰苦。黄旭华他们的主食大多为苞米面和高粱米，刚开始既不会做，做好了又难以下咽。蔬菜稀缺，一年到头只有白菜、萝卜和土豆，水果则完全是奢侈品。临近冬季，各家各户还得拼命储藏大白菜，否则深冬时节只有干啃棒子面饼的份。到了春节，才供应几块酱豆腐，偶尔有几两油，运气好才能吃上几块肉。

因此，刚开始时，黄旭华等核潜艇参研人员只能饿着肚子或嚼着咸菜进行设计和研制工作，一段时间之后普遍出现营养不良的现象，且逐渐引发了肝炎、水肿等疾病，大家的身体都不同程度地遭到损害。

吃得艰难，住的地方自然也好不到哪里去。由于搬迁仓促，配套设施跟不上，刚开始他们住的大都是临时搭建的半成品房。黄旭华一家虽然被优待安排住在核潜艇建造厂腾出的一幢三层小楼的三楼，但是一年四季没有自来水。春、夏、秋三季还好说，冬季就非常麻烦，弱小的燕妮去一楼端水时，总不免把水洒在楼下的地板上，结冰后经常有人滑倒摔跤，黄旭华、李世英夫妻俩经常给人家赔不是，好在大家都理解，从不计较。

居住条件简陋，办公条件更是一言难尽。开始时300多名设计人员挤在两幢狭小的三层楼里，连办公桌都摆不开。好在出差的人多，谁出差了，就把谁的桌子搬到外面堆着，回来了再把后面出差的人的桌子挪走，就这样交替着办公。

核潜艇研制设计不能没有设计和计算工具，但当时仅有原始的三角尺、圆规、算盘，稍微先进一点的计算尺也很稀缺。黄旭华等人就是依靠这些简陋的工具，日夜奋战、加班加点，忍着饥饿、顶着风霜，绘制了数以万计的图纸及计算出海量的

各种数据。

黄旭华等人也曾试图美化荒岛的环境。全所职工带着"人定胜天"的理想在岛上植树。可是，树刚刚种好没几天，一夜大风刮过，第二天悉数拔起或倒下，再种上，再如是。反复几次后，大家也就灰心丧气，一切如旧。

大人们苦点、难点还能克服，最难的是当时像燕妮这样被带上岛的孩子们。他们不仅要像大人一样忍受各种生活上的困难，而且还要克服上学艰难的问题，甚至经常面临各种不确定性的危险。

当时，整个葫芦岛仅有一所小学，是由核潜艇总体建造厂办的，距离 719 所比较远，学校的位置也很不好，建在两山之间的一个风口处。葫芦岛的冬天寒气逼人，刮起的大风如同刀子一样割在脸上、如同针一样扎在身上。黄旭华的女儿燕妮回忆说，上学时，帽子、口罩、手套是必备的，一样都不能少。呼出来的气沿着口罩向上散发，在眼睫毛上结成冰，头发常常和帽子冻到一起，每天上学到教室或放学回到家中时，心窝子里都是凉的。

在一次放学回家的途中，黄旭华的女儿燕妮差一点把小命丢了，并因此落下了一辈子的病根。

一个冬天的早晨，刺骨的北风裹着大雪在地面咆哮，李世英见状就劝说瘦小体弱的燕妮别去上学了。而貌似柔弱实际却像父亲一样坚强的燕妮坚决不肯缺课。无奈，李世英只好再给她加了一件皮背心，外面扎上爸爸的皮带，弄得严严实实的，乍看酷似京剧《智取威虎山》里猎户的女儿小常宝，然后目送她出门上学。

学校冬季放学早，通常下午四点多燕妮就能回家，可李世英在五点半下班回到家后却没见到燕妮。她以为是学校有事，加上风雪大，路途难走，可能会晚一些。可到了晚饭点还没有见到燕妮的人影时，李世英开始着急了，去邻居家打听，发现和燕妮一起上学的女孩子也没有回来。此时，外面风雪依旧在"呜呜"地怒号，李世英感觉不妙，立刻叫来几个大人去学校找俩孩子。

过了很久，几个大人终于把俩孩子抱了回来。李世英看到燕妮时惊呆了，她的头巾冻得像钢板一样，靴子里全是冰碴。燕妮的四肢僵硬、嘴唇乌紫、脸色发黑、浑身冰凉，奄奄一息，一个字也说不出来。李世英赶紧把燕妮送往附近医院，经医生诊断，燕妮患严重肺炎，心脏状况也不好，身体多处被冻伤。李世英只觉五内俱焚、心如刀绞，便日夜陪伴在孩子身边。九天九夜过去了，燕妮总算脱险，但从此身体就更弱了，并患上了严重的哮喘病，一到冬天就犯，苦不堪言。

原来，放学时，俩孩子见风雪太大，就想抄近道快点回家。近道可以节约一小时，但非常崎岖，且覆盖着厚厚的积雪。两个孩子看不清路，深一脚浅一脚地在及膝盖深的雪地里爬行，多次掉进了齐胸口的坑里，最后陷在雪地里实在走不动了。所幸大人们及时赶到，否则后果不堪设想。

出差归来，黄旭华紧紧抱住从鬼门关捡回来的孩子，心疼得直掉眼泪……

黄旭华想到自己的职业给家庭造成了这么大的影响，深觉愧疚，可是李世英却安慰道："'大家'比'小家'重要，就因为咱们付出了这么多，你才一定要成功！"黄旭华听完这句话，心中方才释然，并再次燃起了斗志。

719 所在葫芦岛的 10 年，是第一代核潜艇研制的关键 10 年。

艰苦的条件并没有摧垮黄旭华等人的意志，他们在艰难困苦的环境中执着地前行，如同荒岛上矗立的一尊尊困难压不垮、委屈击不倒的铁人，硬生生地凭借钢铁般的坚强毅力、不屈不挠的奋斗精神、无私奉献的责任担当、卓越的智慧与能力研制出了我国第一代核潜艇，并锻造了一种独特的核潜艇精神。

玩具模型：芝麻开门

　　无论你走进黄旭华的办公室，还是受邀去参观他的家，首先映入眼帘的一定是核潜艇模型。黄旭华在核潜艇研制生涯中，与玩具模型结下了不解之缘，他从玩具模型中受到启迪，曾利用玩具模型解答了心中的疑惑，并通过玩具模型找到了解决问题的方法。玩具模型如同阿拉伯民间故事《阿里巴巴和四十大盗》中的宝库咒语，成为黄旭华研制核潜艇中的一把钥匙，只要遇到困难，黄旭华就会想到玩具，让"芝麻开门"。

　　在这里，讲述三个有关"芝麻开门"的小故事。

　　故事之一：通过玩具模型启迪与印证核

潜艇的设计方案。

1965 年核潜艇工程重启后，黄旭华、尤子平带领设计师们很快就完成了第一艘核潜艇的总体方案设计及技术论证。可是，他们心里始终没底，资料奇缺，谁也没见过核潜艇长啥样，仅有的两张核潜艇新闻照片又极其模糊，还是核潜艇在水面上航行的状态，只露出船体背部和舰桥，看不出任何端倪。当时他们说，要是有一具核潜艇模型该多好啊！

幸运的是，一位外交官的举动促成了黄旭华他们的梦想。

20 世纪 60 年代初，我国一对外交官夫妇回国前在一家商场购物，偶然发现一对美国夫妻和他们的孩子围在一个铁灰色的金属潜艇玩具旁边，这位外交官顿时产生了兴趣，一打听才知道那是核潜艇玩具模型。外交官当然知道核潜艇在当时是最高端的高科技武器，就决定买一个带回国给自己的孩子玩。

外交官归国后，一位知悉核潜艇研制工程的相关人员得知此事，便动员外交官将其捐赠出来。就这样，这个核潜艇玩具模型竟然成了黄旭华他们这些"大宝宝"手中的玩具。

无独有偶，几乎是同一时期，第六机械工业部的一个外事代表团在香港转机时，无意中在机场商店发现了一个正在售卖的铁质核潜艇玩具，他们知道我国的核潜艇正处于前期研制阶段，便

立马买下这个模型，并迅速通过相关途径转交到 719 所。

黄旭华他们喜出望外，研究了这么久的核潜艇，这还是第一次见到"核潜艇"。黄旭华认真把玩起两个一大一小、外形基本相似的玩具模型。其外形呈流线状，很像水滴形。再仔细观察，他们发现其中一个玩具还能拆开！顿时，黄旭华的双眼放光、动作变得迅速起来，他急于想知道核潜艇里面的结构。"鱼雷舱！靠近艇艏的就是鱼雷发射管，咱们也是这么设计的！""核反应堆在这儿，穿过圆形舱门到了第五舱，后辅机舱！"

同事们跟着黄旭华激动起来："一样的！和我们的设计在许多地方几乎是一模一样的！"

通过拆卸还原、对比分析，黄旭华认为这尽管只是玩具模型，但还是有一定的仿真性，关键是这个模型验证了他们设计的合理性，同时经过进一步的研究，他们还从这两个玩具模型中得到了不少新的启迪。

故事之二：通过玩具模型解答了线型疑惑。

第一艘核潜艇在设计时，针对是采用保守的常规线型还是选择先进的水滴形线型，设计团队产生过激烈的争论，而黄旭华则钟情于后者。为了取得水滴形线型的性能参数，同时为了说服自己的同行，黄旭华带领钱凌白等技术人员前往上海某单位做水池试验。

拿什么做试验？他们没有真的核潜艇。怎么办？黄旭华又一次想到了玩具模型，不过得做一个大得多的玩具才行。于是，黄旭华他们首先做了一个石蜡核潜艇模型，经过试验，气泡效应太大，无法取得想要的数据。接着他们做了一个木制模型，同样得不到想要的效果。最后，黄旭华用木头、钢筋、铁皮及相关动力设备制作了一个大玩具：一艘长达 25 米、可供一个人驾驶的水滴形线型核潜艇模型。

黄旭华、钱凌白就用这个玩具模型在各类水池中做了无数次各种航行姿态及操控试验，前后历经数月之久，最终取得的数据彻底解除了设计师们心中的疑惑：水滴形线型核潜艇具有常规线型核潜艇无可比拟的技术、战术性能。此外，这些试验数据及试验结果还为后期的设计提供了重要的技术依据。

最终，凭借无可争辩的玩具模型试验结论，决策层果断地支持了黄旭华的水滴形线型设计方案。

故事之三：玩具模型为核潜艇的建造提供了思路。

1967 年初，第一艘核潜艇建造在即，虽然设计已经经过反复的审核，但是面对数千吨重的庞大核潜艇艇体，数以千计的各类系统、设备、仪器，数以万米计的各种管道、线缆，这大量的

设备在艇内如何安装？安装后的实际情况到底如何？我国过去从未建造过如此大排量、如此复杂的舰船，再加上那时候的配套设备质量参差不齐，能否保证艇体建造顺利、设备安装顺利、建成后达到设计要求？无论是719所还是核潜艇总体建造厂，谁心里都没谱。

此时，黄旭华再一次想到了模型。他向上级建议，在陆地上建造一个与核潜艇实际大小相当的核潜艇实体模型，以此来验证和指导核潜艇的总体布置及施工设计。在他详细陈述建造模型的理由后，上级领导非常支持，同意建造一个全尺寸的核潜艇模型。

对于这个如此巨大的模型的建设，黄旭华、尤子平两位副总工程师非常慎重，责成宋学斌负责设计建造。经过两年多的努力，一个耗资300万元，以木材为主体，结合廉价的钢材、硬纸板、塑料管、金属皮制成的全尺寸"木核潜艇"诞生了。这个"玩具核潜艇"相当逼真，不仅有木质的外壳，内部还按照核潜艇的实际舱室布置了几乎所有的设备仪器模型，内部电缆、管道纵横交错。

黄旭华回忆说，这个全尺寸"玩具"对他们的帮助很大。他们利用这个模型调整了舱室设计，优化了设备、管线安装位置，调整了结构建造及设备安装的工艺，筛选了操作、保养与维修方案，落实了海军战斗值班诉求。这个巨型"玩具"，不仅检验和完善了设计，还确保了核潜艇总体施工设计和建造安装一次成功。

利用玩具模型实现"芝麻开门"的做法，是科学研究中一种常用的方法，黄旭华将其玩得得心应手、出神入化。

建立模型，进而借助模型对研究对象的结构及其运动特征进行研究，达到揭示研究对象的特点、变化规律及其运动属性的目的是科学研究的基本方法之一。正确的研究方法是获得预期的研究成果及结论的保证。黄旭华在核潜艇的研制及核心技术的攻关过程中非常注意科学的研究方法的选择与运用，建模及模型研究方法是他在核潜艇研制工程中运用得比较成功的方法之一。

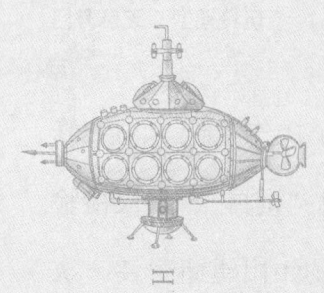

七朵金花

核潜艇研制工程再次上马后，719所的研制人员个个摩拳擦掌、跃跃欲试，希望展示自己的智慧才干。黄旭华总结当时的状况是"各行其是、行行争先、人人出头"，因此核潜艇的研究设计出现了思想不统一、关键技术不明确、攻关问题零乱的状况，各吹各的号、各唱各的调。

鉴于这种"荷叶包钉子，个个出头"的态势，时任719所所长夏桐与黄旭华等所领导认为这种情形不利于合力的形成，对核潜艇的研制非常不利。经过认真讨论，黄旭华认为既不能给同志们的研究热情泼冷水，又必须集中研究力量解决关键性问题。于是，所领导因势利导，在充分尊重民主的基础上集思广益，明确了核潜艇研制的七大技术攻关项目，这七大项目被黄旭华形象地称为"七朵金花"，这个名字源于黄旭华和同事们当时看过的一部很有名的电影《五朵金花》。

第一朵金花：核动力装置——提供水下长期航行的能力

核潜艇与常规潜艇的主要区别就在于动力系统，如果将常规潜艇的柴电动力换成核动力，常规潜艇就变成了核潜艇。而核动力是由核反应堆提供的，因此核潜艇研制的首要技术问题就是研制舰用核反应堆，并解决好反应堆的上艇安装问题。核动力的好处在于几乎不用添加燃料，不需要外界空气，可以像凶猛的鲨鱼一样长久地"潜伏"在海里等待猎物，其隐蔽性及续航能力相比常规潜艇拥有巨大的优势。

第二朵金花：水滴线型艇型及操控设计——决定战术性能的先进性

核潜艇的艇型有常规线型和水滴线型两种选择。所谓常规线型，就是潜艇的外部形状与普通水面舰艇一样，舰艏是尖的，中间是月牙形的，舰艉又是尖的。这种形状有利于潜艇在水面航行，操控比较容易，但水下航行比较困难、阻力很大。所谓水滴线型，就是整个潜艇的外部形状类似于水滴的流线型，头是

圆的，尾部是尖的，任意截面是圆形或者椭圆形。这种形状的优势在于水下潜航效果好，阻力小、速度快，但是操控比较困难。

对于第一艘核潜艇采用哪种线型的争论从核潜艇研制工程启动时即已开始。黄旭华和钱凌白等人利用各类试验水池及风洞对水滴线型做了大量的验证性试验，取得的试验结果和数据证明水滴线型具有较明显的优势，有利于核潜艇战术性能的发挥。

但是，水滴线型的设计及建造难度比常规线型大得多，需要攻关的技术更为复杂。此外，美苏核潜艇的发展也是自常规线型过渡到水滴线型。坚持采用常规线型的技术人员并不否认水滴线型艇体的优势，但认为第一艘核潜艇应该采用比较稳妥的技术方案，在取得相关的设计与建造经验后再向水滴线型发展。

因此，考虑到以上因素，在第一艘核潜艇的线型选择问题上，常规线型逐渐占据上风。但在常规线型方案上报国防科工委之后，决策层召集黄旭华等人进行汇报，黄旭华汇报完毕后，依然坚持认为第一艘核潜艇没必要因循守旧，可以实现跨越式发展，直接设计与建造水滴线型艇体。

最终，我国第一代核潜艇决定采用水滴线型的艇体结构。

在确定采用水滴线型艇体之后，接下来需要解决的设计难题是操控设计问题。水滴线型艇体在大潜深航行时面临稳定性和操控性难题，没有任何资料与经验可以借鉴，设计难度超乎想象。黄旭华、尤子平、宋学斌、钱凌白等人对此问题展开了有针对性的理论研究与比较论证，并进行了大量的水池试验和 10 余项技术攻关，最终提出了提升水滴线型的稳定性及操纵性技术方案，为第一代核潜艇首艇的顺利研制提供了技术保障。

第三朵金花：大直径、高强度艇体结构——极限下潜深度的保证

由于动力装置、武器平台、技术特点、战术性能的差异，核潜艇极限下潜深度大、内部舱室数量多、舱室体积也较大，因此核潜艇的直径和排水量比常规潜艇通常大很多，艇体结构强度要远远超出常规潜艇。黄旭华等设计师明白艇体结构设计对于核潜艇水下安全及战略战术保障的重要意义，稍有疏忽，必将导致灭顶之灾。

在艇体结构设计上，黄旭华、尤子平、钱凌白、宋学斌、赵建华等人立足核潜艇技术、战术需求，结合当时我国的材料工程科学的现状，经过艰苦卓绝的论证与攻关，充分发挥聪明才智，最终科学地解决了核潜艇的艇体结构设计问题，不仅完全实现了技术战术目标，还确保了核潜艇及艇员的安全，并在后期顺利通

过了极限深度下潜试验的检验。

第四朵金花：远程水声系统——先敌发现的利器

核潜艇，尤其是攻击型核潜艇，先敌发现是攻击的最基本要求，因此必须有一双灵敏的耳朵。这双耳朵其实就是被动声呐，通过远距离噪声测向，搜索与跟踪本艇周围的噪声目标，并测出方位，同时将目标数据传送至武器系统实施跟踪或者攻击。

没有先进的水声系统，核潜艇就是一个瞎子。黄旭华自然明白这个道理，他非常重视水声系统的研制，带领宋学斌、苏绍宗等人与全国各声学研究所及高等院校的一百多位专家展开合作，通过大量的试验、讨论与论证、综合评估，最终确定了第一代核潜艇首艇水声配套方案和布置方案。

第五朵金花：（鱼雷）武器系统——核潜艇的战斗力

鱼雷（包括战略导弹、巡航导弹）及其发射系统是攻击型核潜艇、导弹核潜艇的战斗部位，是核潜艇执行军事任务、体现战略与战术威慑的具体形式，这一部分主要由配套单位来完成，黄旭华等 719 所设计人员主要考虑鱼雷及发射控制系统的布置及攻击时核潜艇的战斗姿态控制等问题。

第六朵金花：综合空调系统——艇员生命生存保障

为了最大限度地发挥战略战术威力，核潜艇需要在大潜深保持长时间，甚至是数月时间的隐蔽或者潜航，这对艇内的空调系统有极高的要求，从而保障艇员的生存质量与生命安全。核潜艇综合空调系统包括氧气制备装置、二氧化碳吸收清除装置、有害气体吸附转换装置、颗粒物过滤净化器、空气成分监测报警系统和大功率艇用制冷机组等主要设备仪器，核心装置还必须有备份系统。

综合空调系统的设计与部署、核心设备的研制在当时对于黄旭华他们来说是一个不小的考验，但最终他们通过协作攻关，成功解决了核潜艇综合空调系统的设计部署问题，使艇员生命安全与生存质量得到了良好的保障。

第七朵金花：惯性导航与通信系统——水下精确定位的保证

核潜艇在大潜深航行时要知道自己在什么地方，在战斗时要知道攻击目标的位置，因此核潜艇需要精确的导航及定位技术系统。飞机及水面舰艇使用的常规导航系统无法满足核潜艇的需要，唯一可以深度定位、安全隐蔽航行的就只有惯性导航系统。惯性导航技术依靠惯性元件导航，工作系统完全独立，能够给核潜艇提供良好的隐蔽性。黄旭华带领719所与主研单位经过多年的技术攻关，终于在首艘核潜艇下水不久后装上自主研制的惯性导航系统。

核潜艇在大潜深隐蔽与航行时，其他常规通信系统都失去效能，只有长波技术才能实现通信联络。黄旭华他们通过充分的技术论证与联合攻关，在首艘核潜艇下水之前成功解决了核潜艇的通信问题。

"七朵金花"作为中国第一代核潜艇人的技术及思想结晶，是以黄旭华为代表的核潜艇研制人员革命浪漫主义的体现，它符合系统工程的理论，为我国核潜艇的研制贡献了成套的技术成果与思维方法。

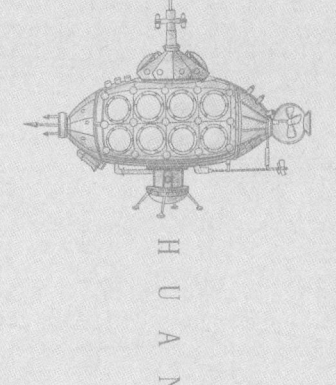

陀螺、毒蛇与锚

陀螺，一种常见的玩具，它在高速旋转时可以稳定保持各种姿态，这种神奇之处吸引了无数各种年龄层次的爱好者。在我国第一艘弹道导弹核潜艇的设计中，就围绕着陀螺发生了一个有趣的故事。

弹道导弹核潜艇水下发射导弹时对艇体的姿态控制要求极高，姿态越稳定，导弹发射的命中精度就越高，核潜艇自身也越安全。但是弹道导弹的体积和质量都很大，发射时产生的巨大反作用力会对艇体产生强大的冲击，危及核潜艇自身的安全。因此，如何保持核潜艇发射导弹时的稳定性成为设计时的重大攻关课题。

当时，国外某专业刊物上称：美国研制弹道导弹核潜艇时，为了使艇的纵摇、横摇、角速度、升沉、偏航等技术指标完全满足导弹发射时的要求，计划在艇上安装 65 吨重的起稳定作用的大陀螺。但是，美国的核潜艇到底最后装没装这个陀螺，却没有明确的说明。

陀螺仪高速旋转能带来巨大稳性，设计人员都懂，这个原理也早已得到应用。但是，我们的弹道导弹核潜艇要不要装这个大陀螺保障导弹发射时的稳定性呢？当时的争论和分歧很大，黄旭华组织人力经过充分的论证后，毅然拍板：扔掉大陀螺，使用自己的稳性设计。

黄旭华回忆说："要装 60 多吨重的大陀螺，艇就要增加一个大舱。可是不像普通船舶，水下空间异常珍贵，潜艇里面全是黄金空间！后来，我们从试验中得到的大量数据表明，不需要这个陀螺。但很难下决心。人家技术比我们先进得多都用，我们敢不用？发射时翻了船谁敢负责？打不中目标谁敢负责？当时要我拍板时，就有装和不装的激烈论争。我想，我们是独立研究，不是依葫芦画瓢的抄袭，既然我们的试验数据证明可以不装，那就应该不装。我毅然拍板定了案。当时我就怀疑外国是否真的装了。果然，后来得到的资料表明，他们也没装，差点上当！后来，我

们的艇在发射导弹时稳得像在陆地，摇摆角、纵倾角、偏航角都接近于零！"

其实，黄旭华拍板摒弃大陀螺是基于科学的论证的。不管用不用大陀螺，核潜艇发射导弹时的姿态稳定控制的问题必须解决。因此，他责成操纵设计组的闵耀元、陈源、沈鸿源对核潜艇发射弹道导弹时的姿态控制展开专题研究，尤其注重从艇的稳性结构设计上下功夫，看看是否可以不使用大陀螺。操纵设计组遵照黄旭华的指示，在其他设计人员的全力配合下，通过大量力学数据分析，辅之以相关针对试验，推导出最佳总体设计方案，然后对核潜艇的操纵面重新设计部署，可以达到发射导弹时控制艇体平衡的目的。这个稳性控制设计方案不增加艇体舱室和排水量，不影响核潜艇的速度及其操纵性能，并且能够确保发射弹道导弹时艇体的姿态稳定。

有了操纵设计组的分析论证及其圆满的技术方案，再基于自己的科学判断，黄旭华才胸有成竹地做出了取消大陀螺的决定。

在第一艘弹道导弹核潜艇的设计中，虽然黄旭华在总体上提倡尽可能融合现有的常规技术，但也非常重视在弹道导弹核潜艇的设计上努力追求核心技术、战术指标的突破与提升，尽可能让我国第一代弹道导弹核潜艇在性能上超越美国及苏联同代产品。

在弹道导弹核潜艇技术、战术性能设计中，黄旭华就一再提醒设计师们要分析弹道导弹核潜艇与鱼雷攻击型核潜艇的差异。攻击型核潜艇是战术性武器，强调格斗性能，注重速度与灵活性。而弹道导弹核潜艇则不同，它是战略性武器，强调隐蔽性和突然性，注重提升一次核打击条件下生存能力的同时具备二次核反击能力，隐蔽性越好，突然性就越强，反击效果就越佳，威慑力才更巨大。

为此，在弹道导弹核潜艇的技术、战术性能设计中，黄旭华深思熟虑，提出仿照毒蛇的特点进行性能设计，强化弹道导弹核潜艇在恶劣条件下的生存能力和反击能力。这就是黄旭华关于弹道导弹核潜艇的"毒蛇"设计思想。

黄旭华在解释他的"毒蛇"设计思想时说："法国人搞出了一种小型的、不求高速的、隐蔽性好的所谓安静型核潜艇，与苏联、美国、英国的快速型相比，独树一帜。他们认为，想要高速，动力的传递设备必大，噪声就大，隐蔽性就差。既然弹道导弹核潜艇是第二次核报复力量，那么，隐蔽性是第一位的，不能被别人的第一次核打击打掉。再者，你的速度更快，也快不过导弹，只要导弹系统好，潜艇高速没有多大意义，看看大自然中的

蛇吧，有毒蛇比无毒蛇游得慢多了，因为有毒蛇有了精良的化学武器，用不着靠速度捕食，而是靠隐蔽性来捕获猎物。"

时至今日，黄旭华所倡导的"毒蛇"设计思想，不仅已经作为我国核潜艇设计的基本理念之一，且体现在新型核潜艇的技术性能之中。

在第一艘核潜艇的设计中，参照常规舰船及潜艇的结构，在艇的艏端部署了锚装置。可在系泊及航行试验中，黄旭华他们却发现锚装置带来了一系列的技术战术问题。

锚必须布置在核潜艇艏端，但艏端还有重要的声呐系统，因此锚链箱的布置不能对它造成影响，否则就干扰了它的主动及被动侦测，直接影响作战性能。黄旭华、宋学斌等人冥思苦想后找到了一个办法，声呐系统有一个体积较大的噪声站换能器，它的中间有一个空当，锚链箱就设计在这个空当中，平时锚链被压实在里面，也就不影响声呐的技术侦测了。从技术上说，这个锚链箱的设计堪称完善，既解决了锚装置的部署问题，又不影响声呐系统技术、战术性能的发挥。

锚链箱解决了，可锚穴（或锚孔）怎么设计呢？为了避免位于艏端舷侧锚穴挂锚航行时产生的涡流噪声影响声呐系统的侦测性能，黄旭华、宋学斌他们设计了一个锚穴盖，航行时锚穴被盖着，就不会产生涡流噪声，锚泊时开盖沉锚即可。

可试验发现，起锚和收锚时锚爪一刮，声呐系统的透声导流罩就被抓破或者抓伤了。数千吨重的艇，锚的质量和强度是很大的，而水声导流罩是透声侦测的，太厚会影响侦测的灵敏度和侦测效果，必须薄而透，而太薄就容易被巨大的锚爪抓坏。这个棘手的问题一下让黄旭华、尤子平等设计人员一筹莫展。

几天后，黄旭华突然灵光一闪：是否可以取消锚装置。没想到他一提出，就有一名年轻设计师立马附和，并表示他也想到了，只是不敢说出来。

如果没有锚装置，上述问题都不复存在。但争议声随之而来。从古迄今，你看哪一条船没有锚？没有锚停泊时怎么办？的确，在人们的认知里，船就应该有锚。取消锚，无疑是一个颠覆性的思考和设计。

黄旭华、宋学斌等人经过反复的研究与推理，发现取消锚不仅不影响核潜艇的停泊，反而能改善艇身质量布局、降低艇身重心、改善艇的平衡和稳性，同时提升声呐系统的性能。

黄旭华让宋学斌等人尽力查找域外核潜艇资料，密切关注美国和苏联等国核潜艇是否使用了锚装置，结果发现仅英国的核潜艇使用了锚装置，但那种蘑菇锚似乎聊胜于无，而美国和苏联核

潜艇是否使用锚则没有资料提及。于是，黄旭华大胆推测，鉴于锚装置的功能在核潜艇上已经弱化，美国和苏联的新型核潜艇应该不会使用锚装置。

在这个问题上，黄旭华没有权力贸然拍板，他机智地请示时任海军参谋长的刘华清将军，陈述安装锚装置弊大于利，取消锚装置可带来核潜艇技术战术性能的提升。刘华清听完他的汇报之后，非常欣赏黄旭华等人的大胆与细致，当即拍板取消锚装置。

实践证明，锚装置取消之后，核潜艇的停泊、航行及各种性能没有受到任何影响，声呐系统的功能得到很好的发挥。后来披露的资料也显示，美国、苏联、英国、法国的新型核潜艇都没再保留锚装置。

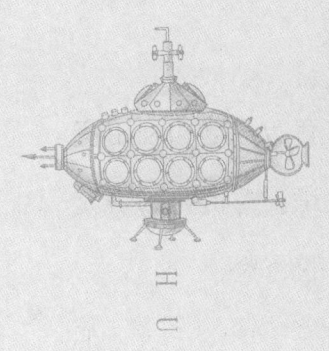

镜子与戒指

　　从 1959 年担任造船技术研究室总体组船体科副科长开始，到 1961 年被任命为国防部第七研究院（简称七院）"09"技术研究室副总工程师，再到担任 715 所、719 所副总工程师，直至出任第一代核潜艇工程副总设计师、总设计师，黄旭华都一直以自己的亲身体会告诫每一位技术人员大脑里要装上"三面镜子"，用来设计的手上要戴上"一枚戒指"，并且身体力行，奠定了其在核潜艇研制道路上所向披靡的思想基础。

　　无论是科学研究还是技术攻关，都离不开参考与借鉴相关的资料，核潜艇研制也不例外。核潜艇研制工程从启动到第一代两型

核潜艇的下水始终都面临着资料奇缺的困扰，有效筛选和利用资料就变得极其重要。黄旭华的"三面镜子"就是针对资料的研究处理所提出的，也是他大半个世纪以来所积累的经验。

第一面镜子是"放大镜"。

核潜艇研制初期，直接与核潜艇相关的技术资料几乎没有，就算是常规潜艇也不多。针对当时的情况，资料的搜集范围设置得比较宽，几乎覆盖与潜艇等军事舰船研制、设计相关的各类工程技术资料及新闻动态。

因此，面对这些数量较大、种类庞杂的资料时，黄旭华认为核潜艇研制技术人员必须带着"放大镜"，沙里淘金，在大量的资料堆里寻找出有用的信息。

第二面镜子是"显微镜"。

对于从资料堆中淘来的有价值的资料，必须带着"显微镜"进一步分析，去粗取精。即对遴选出来的信息做进一步的深入研究，剥离无用信息，提炼和总结对核潜艇研制设计有参考借鉴作用的信息因子。

第三面镜子是"照妖镜"。

在科学研究尤其是军事科学研究中掺杂有许多虚假、迷惑及干扰性内容。因此黄旭华要求设计人员在阅读与借鉴这些资料时，必须带一面"照妖镜"，去伪存真，经分析后去掉虚假的、误导性的信息，保留有价值的部分。

当然，黄旭华所说的"三面镜子"只是一种比喻，本质上是要求我们严谨地筛选、细致地分析与鉴别收集而来的资料，使资料发挥应有的价值和作用，而不是被资料错误地诱导或者误导。在我国核潜艇设计领域，年轻一代设计师们已经将黄旭华在资料处理上的"三面镜子"贯彻到了新型核潜艇的设计之中。

戒指，是戴在手指上的一种装饰品，它的作用是警示或者告诫戴戒指的人应该遵守的原则与精神。譬如结婚戒指，它就是告诫夫妻要遵守婚姻的精神与原则，永不背叛结婚的誓言。

黄旭华所说的"戒指"指的是造船工程领域的一种警示传统，作用是通过这个"戒指"告诫设计师在船舶设计时必须尊重设计原则、尊重生命。

黄旭华对设计师们说，在国立交通大学学习期间，辛一心老师首次给他们讲授"船体结构与建造"课程时，给他们讲了这样一个故事：美国麻省理工学院造船专业举世闻名，造船专业的学生毕业时，校方给每一个人赠送一枚戒指，戒指上面刻着一个公式"I/V"。I就是Inertia，意即惯性，V指的是体积。这枚刻有"I/V"字样的戒指就是告诫学生们设计船舶的首要原则就是

要保证船的稳性，船只有确保稳定，才能不翻不沉，船员和乘客的生命才有保障。

在第一代两种型号核潜艇的技术设计中，黄旭华就把这个故事讲给宋学斌、钱凌白等主要设计人员听，要求他们用来设计的手上也戴上这枚起警示作用的"戒指"，对党、对人民、对国家负责，认真做好核潜艇的稳性设计，确保"不翻、不沉、开得动"。

黄旭华提出稳性设计的"不翻、不沉、开得动"的"戒指"原则时，有人讥讽他说"什么总设计师！谁不知道船不能翻、不能沉、开得动啊！"黄旭华却说，这个要求虽然很通俗，做到可不容易。尤其是对于核潜艇，既要在水面活动，还要在任意潜深高速航行，依据当时我国的船舶设计制造水平，要保证核潜艇在各种海况下"不翻、不沉、开得动"还真不是一件容易的事。

黄旭华回顾说，他在上海船舶工业管理局工作时，就见证过我国一家大型国有造船厂制造的一艘炮艇因为设计时存在缺陷，施工时又没有把握好，结果下水就倾覆了，人员全扣在里面。要保证如此大吨位的核潜艇的稳性对于当时的我国确实是一个重大的技术难关。

依据船舶设计的"戒指"原则，黄旭华与张金麟、宋学斌、钱凌白等设计人员经过详实的推理与研究，总结出核潜艇的稳性设计与施工必须要解决三个密切相关的核心问题，一是核潜艇的重心位置，二是核潜艇的艇体平衡，三是全艇的质量与浮容积。

宋学斌、钱凌白等设计人员回忆说，他们在第一代两型核潜艇的设计中，时刻牢记黄旭华的叮嘱，始终想象自己的手指上就戴着一枚警示"戒指"。实践证明，黄旭华的方法和思想是有效的，我国几代核潜艇的稳性设计都很优秀，这枚虚拟的戒指至今一直戴在一代代核潜艇设计师手指上。

今天，在我国核潜艇研究、建造领域，黄旭华的"三面镜子"和"戒指"已经成为核潜艇精神的一部分，并不断得到传承、发扬光大。

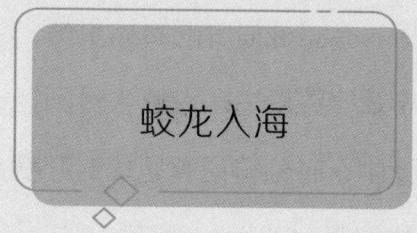

蛟龙入海

1965 年 3 月，核潜艇研制工程重新启动后，各项工作紧锣密鼓地展开了。按照中央专委的指示精神，核潜艇的研制分为两条战线推进。第一条战线是 719 所，负责承担核潜艇总体设计及相关的技术攻关、设备配套工作，尤子平、黄旭华作为副总工程师负责相关的技术工作。第二条战线是核动力设计研究室，负责核潜艇核动力设计及陆上模式反应堆的建设，包括技术攻关和设备选型，彭士禄、赵仁恺担任行政及技术负责人。

黄旭华等设计人员首先要解决的问题是第一艘核潜艇的研制方案，是研制弹道导弹核潜艇还是攻击型核潜艇。在 1958 年核潜艇工程立项之初，是确定研制弹道导弹核潜艇的，而经过多年的研究之后，尤其是立足国内科技发展水平、军事工业配套情况，依据海军发展需要及借鉴发达国家核潜艇研制进程之后，无论是管理层还是设计人员，都倾向于第一艘核潜艇应该研制鱼雷攻击型核潜艇。因此在1965年核潜艇研制工程重启之后，黄旭华等人即向最高决策层提交了关于第一艘核潜艇选择鱼雷攻击型核潜艇研制方案的报告，报告从技术和军事两个角度进行了论证，并形成鱼雷攻击型核潜艇研制的基本原则。

1965年8月15日，周恩来总理主持召开了第13次中央专委会议，会议同意了报告所提出的核潜艇研制步骤及第一艘核潜艇研制、设计、制造的三项原则，明确提出计划第一艘核潜艇在1972年下水试航的目标，全面部署了核潜艇上马的各项工作。会后，黄旭华等人即带领719所设计人员开始了鱼雷攻击型核潜艇的总体方案及初步设计工作。

1966年底，经过一年多的努力，以黄旭华为代表的719所基本完成了第一艘核潜艇的总体设计方案及初步设计，并经聂荣臻元帅及中央专委批准，按照设计工作流程即可进入技术设计、施工设计工作。

1968年5月，第一艘核潜艇在核潜艇总体建造厂开始放样，

11月23日，首艇开始下料，核潜艇建造拉开大幕，黄旭华带领719所设计人员进驻核潜艇总体建造厂，密切配合、协同施工、同步完善设计，前后共完成施工图纸及其他技术文件近万份，有力地支持了核潜艇的施工进度和建造质量。

第一艘核潜艇的设计工作从最初的方案论证开始，到方案设计、初步设计、技术设计、施工设计，黄旭华、尤子平带领719所设计人员绘制了45000余张图纸，连接起来大约有30千米长，其他技术文件和计算材料更是不计其数。

终于，全国人民翘首以盼的日子来到了。

1970年12月26日，这一天正值毛泽东主席77岁生日，舷号为"401"的我国第一艘鱼雷攻击型核潜艇下水了。这是一个让黄旭华永远铭记在心的激动时刻，他目睹这一凝结着自己13年心血的伟大作品诞生。至今，黄旭华脑海里仍然经常浮现出那一幕激动人心的画面。

那天，天空瓦蓝如洗，核潜艇的钢铁之躯如同一头巨型灰鲸横卧在苍穹之下。自上往下看，毛泽东的画像高悬在潜艇指挥台正上方，画像下面横拉着巨幅标语，它似乎是在对毛主席说，您关于"核潜艇，一万年也要造出来"的誓言经过核潜艇决策者、设计者及建造工人的共同努力终于变成了现实。指挥台围壳上表示航号的三个巨大的白色数字"401"不仅分外醒目，而且预示着后续型号也将渐次登场。艇艏扎着一簇巨大的红花，象征着"八一"的八面红旗在首水平舵上一字排开。一大批工人手中挥舞着《毛主席语录》，不停地振臂高呼，场面蔚为壮观。

由于核潜艇体积、质量大，下水过程谨慎而漫长。建造完成的核潜艇稳坐在几十台小车上，小车沿着预先铺设好的铁轨滑动。这个过程非常缓慢，最慢时，3小时仅挪动100余米，其间还因为一段铁轨被压断进行了紧急修复。核潜艇从大厂房里运到船台后，再从船台挪到船坞上的一个特大浮箱上，最后浮箱灌满了水沉下去，核潜艇浮在水面，全场欢呼声雷动，核潜艇下水成功！

那时，整个码头已经完全笼罩在夜幕中。看到夜色中静静矗立在海面上的核潜艇，黄旭华禁不住思绪万千。13年来的执着守望、13年来的颠沛奔波、13年来的眼泪与汗水、13年来的喜悦与委屈像一波波潮汐在他眼前涌来、退去。终于，他的付出得到了回报，他的梦想实现了。他，希望那晚能踏踏实实睡一个好觉。

然而，那一夜，黄旭华依然无眠！他明白，第一艘核潜艇下水只是一个新的开始，接下来第一艘核潜艇的定型、完善以及弹

道导弹核潜艇的研制继续等待着他。

1971 年伊始，黄旭华带领宋学斌等人针对首艇在系泊和试航试验中发现的问题进行研究、分析与总结，然后提出了三大项改进建议，经决策层批准后由建造厂负责实施。1972 年，黄旭华带领钱凌白、宋学斌等研制人员启动了第一代攻击型核潜艇的设计定型工作。1974 年初，第一艘攻击型核潜艇通过了检验性航行试验，具备交付海军使用的条件。

1974 年"八一"建军节这天，第一艘攻击型核潜艇"401"艇命名为"长征一号"，正式交付海军使用，加入中华人民共和国海军作战序列。"长征一号"作为我国首条核蛟龙，缓缓地驶向大海，从此，我国正式成为世界核潜艇俱乐部的第五位成员，人民海军也正式进入了核时代。

1967 年 6 月，在第一艘攻击型核潜艇技术设计奋战正酣时，海军提出了同步发展弹道导弹核潜艇的发展建议，黄旭华随即召集许君烈等核心研究人员披星戴月、不舍昼夜，仅仅只用了 3 个月的时间，就完成了弹道导弹核潜艇总体设计方案。

1967 年 10 月 16 日，决策层在北京召开"导弹核潜艇及潜地导弹方案论证审查会"，黄旭华代表 719 所对弹道导弹核潜艇总体设计方案进行汇报。会议成立了弹道导弹核潜艇研制领导小组，通过了弹道导弹核潜艇总体设计方案、潜地导弹方案、弹道导弹核潜艇战术、技术任务书，明确了第一艘弹道导弹核潜艇研制的指导思想和原则。

在第一艘攻击型核潜艇进入施工阶段期间，彭士禄、黄旭华带领设计人员同步实施着弹道导弹核潜艇的方案论证及初步设计工作。在我国第一艘鱼雷攻击型核潜艇下水前夕，第一艘弹道导弹核潜艇在核潜艇总体建造厂开工建造，1972年初，黄旭华带领设计人员完成了弹道导弹核潜艇的施工设计。

1973年后，第一艘弹道导弹核潜艇建造进程因为建设策略调整、配套潜地导弹及其发射系统研制艰难等不断延缓，其间，黄旭华协助与配合在我国"两弹一星"工程中建立奇勋的黄纬禄院士研制潜地导弹发射系统，攻克潜地导弹发射过程中艇体姿态保持等难题。

1977年以后，弹道导弹核潜艇的建造开始提速。1979年9月，为加强核潜艇工程的技术抓总和协调，国防科工委任命彭士禄为核潜艇工程总设计师，黄旭华、黄纬禄、赵仁恺为副总设计师。

1981年4月30日上午10点，我国自行设计研制的第一艘弹道导弹核潜艇历经10年的建造，终于成功下水。从此，我国

正式具有了海上战略核力量，具备了二次核反击能力，三位一体的核战略架构开始形成。

黄旭华又一次见证了我国第一艘战略核潜艇的诞生，这两条核蛟龙凝聚了黄旭华大量的心血。他心潮澎湃、激动万分，挥毫写下了这样的诗句："南征直捣龙王宫，北战惊雷震海空。攻坚苦战两鬓白，犹有余勇再创功。"

1982 年 6 月，鉴于黄旭华在第一代核潜艇研制中的卓越贡献，他被任命为 719 所所长。1983 年 3 月，黄旭华受命接替自己的老搭档彭士禄，出任我国第一代核潜艇的第二任总设计师。

1983 年 8 月 25 日，我国第一艘舷号为 "406" 的弹道导弹核潜艇交付海军，加入海军的战斗序列，具有战略威慑意义的核蛟龙威武地游弋在浩瀚的大洋上，捍卫着祖国的安全和尊严。

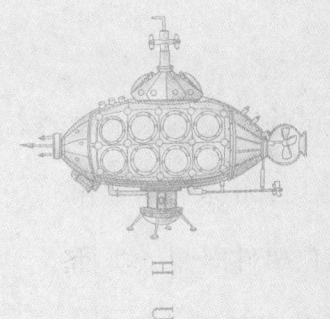

惊心动魄话深潜

1986 年初，第一代核潜艇顺利完成了其他各项试验，最后一项深潜试验即将开启。深潜试验是最终检验核潜艇的总体性能和作战能力的最重要试验项目，包括极限深度下潜、水下全速航行、大深度发射鱼雷三项循序渐进的试验科目。其中第一关极限深潜试验尤其关键，只有极限下潜成功了，才能在此深度上实现全速航行及发射鱼雷。

所谓极限深潜试验，是指核潜艇下潜至设计极限深度 300 米，甚至超越极限深度，以此来检验设计的合理性及核潜艇最大耐受深度。深潜试验非常危险，下潜时，无论是否到达极限深度，遇到事故就是艇毁人亡。

1963年，美国的"长尾鲨号"核潜艇在深潜试验中，尚未下潜到极限深度时，突然撞上海底断崖而沉没，艇上160余名官兵和试验人员全部以身殉职。"长尾鲨号"艇毁人亡事件既是人类拥有核潜艇以来最大的一场灾难，也成为之后所有核潜艇极限深潜试验的梦魇。

因为有前车之鉴，所以大家深知深潜试验的危险非同小可，但又不能不做，于是从高层领导到参试人员个个都忧心忡忡。

1987年11月，决策层下达了于1988年择机在南海进行深潜试验的任务。

遵照国务院和中央军委的批示，核潜艇深潜试验领导小组正式成立，作为核潜艇工程总设计师的黄旭华成为试验领导小组的成员，并出任深潜试验第一关极限深潜试验的技术负责人。领导小组成立后，相继对技术准备、质量复查、检修检测、救援保障等做了周密的部署与安排，试验工作按计划稳步推进。

然而，周密的准备工作反而进一步加剧了参试人员的紧张情绪和心理负担，紧张和压抑的气氛一时间弥漫在参与深潜试验的海军官兵及技术人员中。在巨大的生命和心理考验下，部分参试人员在心里做了最坏的打算。有人拍了"生死照"，有人给亲人留下了遗书。

尽管有些"风萧萧兮易水寒"的悲怆，但所有参试人员并没有退缩，依然是一腔热血，表现出了义无反顾的勇气和决心。

黄旭华在感觉到深潜参试人员普遍表露出紧张和压抑的情绪后，毅然做出了一个惊人的决定，那就是亲自上艇指导下潜，与所有参试人员深海同舟。

其时，黄旭华已经 64 岁，这是一个含饴弄孙的年龄，一个不需要以身涉险的年龄。得知黄旭华要亲自带队下潜后，所有领导及同事纷纷劝阻，黄旭华回答说："我是总师，总师不仅要为这条艇的安全负责到底，更重要的是要为下去的人员生命安全负责到底。"

之后，黄旭华补充说，他决定亲自下潜，绝非一时冲动，也不是为了显示自己的勇敢，他也不是不怕死，而是基于以下五个方面的考虑。

一是因为他全程参与了核潜艇的设计，对各项技术指标了如指掌，极限深度是他亲自参与制定和设计的，对艇体和设备在这个深度的可靠性他比任何人更有信心。

二是在建造过程中，所有的材料、设备、管线、焊接，都经过了 719 所及建造厂的严格把关、测试与验收。

三是深潜试验之前，719 所、总体建造厂、军代表对全艇所

有系统、材料、设备、管道几乎是展开了地毯式的巡查，并采用超声波、X 光探伤设备反复核查，对每一个细节都做出了稳妥的处理。

四是他亲自参与深潜有一个极大的好处，如果深潜中出现问题，作为总设计师的他，心里比任何人更有底，可以现场随时观察、分析、处置，而别人未必有这个把握及能力。

五是本次深潜试验做了充分的应急预案。

黄旭华轻描淡写、举重若轻，他的行为自上而下产生了极大的震动，毕竟在灾难性的风险之前，无论多么深刻的思想教育、多么专业的技术解释、多么雄壮的信誓旦旦，都显得矫揉造作，亲自坐镇下潜，与同事们、战士们深海同舟，一言一行的力量足以消除所有的恐惧和疑虑。

黄旭华的举动也得到了夫人李世英的全力支持。李世英认为，艇是黄旭华亲手设计的，他有责任、有义务对舰上的生命负责，亲自下潜，职责所在、合情合理。同时她也宽慰黄旭华说："你当然要下水，否则将来你怎么带这个队伍！"

承担深潜试验任务的核潜艇艇长和政委接到任务后给官兵们做思想工作，告诉他们深潜试验是党和人民交给他们的一项光荣任务，要勇敢、要有牺牲精神。结果几个月下来，官兵们的思想压力反而愈来愈大。实事求是地讲，血肉之躯，谁不怕死！黄旭华笑着对前来求助的艇长和政委说："你不能给他们老是强调'光荣'，你要人家准备去'光荣'，就是有可能会牺牲啊，人家精神负担怎么可能不重。生命诚可贵，哪个年轻人会不紧张！"

得知总设计师将和他们一道登艇做深潜试验后，所有官兵们顿时释然了，表情一下子放松了不少，对试验充满信心。艇长和政委笑着对黄旭华说，我们几个月的苦口婆心不如您的一个决定。的确，以花甲之年、总师之位，亲自登艇下潜，传递的该是怎样的一份信心和担当。

1988 年 4 月初，参试核潜艇（"404"艇）及全体参试人员抵达湛江军港，4 月 20 日，预下潜试验顺利完成。

7 天后，极限深潜开始实施，黄旭华担任该试验的技术负责人，176 名参试人员一起登上"404"艇，航行至试验海区安全停靠好后，随即开始准备第二天的极限深潜工作。

1988 年 4 月 29 日上午 9 时许，最关键、最重要、最扣人心弦的时刻来到了！核潜艇开始缓慢下潜，潜水均衡后却突然出现了通信不畅的问题，慎重起见，黄旭华指示潜艇上浮至潜望深度待命。

这不会是个不好的兆头吧！大家的心一下子提到了嗓子眼，

艇内的气氛立刻紧张起来。

唱歌可以壮胆，可以舒缓紧张的神经，还可以活跃气氛，于是有人提出一起高唱《血染的风采》。黄旭华当即表示异议，他笑着说："《血染的风采》是首好歌，我也喜欢，但是太悲壮，我们是去试验的，是去拿数据的，不是去牺牲。我提议大家唱《中国人民志愿军战歌》，这首歌气势磅礴、催人奋进。"大家鼓掌叫好，于是他带领大家一起高唱："雄赳赳，气昂昂，跨过鸭绿江。保和平，为祖国，就是保家乡。中国好儿女，齐心团结紧……"顿时，艇内的气氛变得欢快起来，大家绷紧的神经也渐渐松弛。

上午 11 时许，黄旭华等深潜领导小组成员经研判认为一切正常，通信故障也已排除，决定让核潜艇继续下潜。于是，"404"艇像一头巨鲸一样向大海深处扎下去，100 米、200 米、250 米……当下潜深度到达 280 米时，潜艇外壳承受着巨大的压力，深海海水对艇体的挤压越来越严重，部分舱门因为压力开始变形，无法打开，舱内不时发出"咔嗒、咔嗒"的响声，有时一分钟达 11 次，每一次响声都击打着参试人员的耳膜和心脏，令人心惊肉跳。

指挥舱内，黄旭华等负责人密切注视着深度计，竟然发现一根支撑深度计的角钢，随着下潜深度不断增加而渐渐扭曲，大家的心跳都在加快，手心里慢慢渗出了汗水，但黄旭华依然面不改色，镇定自若。

这时，经统计各舱内共有 19 处开始渗水，抢修随即开始，经检修紧固后恢复正常。

为了宽慰和稳定大家的情绪，黄旭华等上艇技术专家告诉大家，这声音是海水高压下艇体结构相互挤压所发出的，大深度下的艇体结构变形是正常现象，都在预计的设计与控制范围以内。

当下潜深度逐步接近设计极限数值时，舱室的挤压变形更加严重，异响也更加强烈。为了避免引起更大的恐慌，黄旭华决定不再播报具体的深度数值，改用预先设计好的英文字母 A、B、C 播报。深度 A 表示"接近极限深度，继续下潜"，深度 B 表示"到达设计临界点，艇压尚能承受，可以继续下潜"，深度 C 表示"已过设计深度，艇体无法承受，停止下潜"。这样播报，除了黄旭华等少数几个人知道具体深度数值外，其他参试人员不知道下潜的具体深度，从而在一定程度上减轻参试人员的心理压力。

当核潜艇抵近极限深度时，一切依旧在预期的范围之内，黄旭华从容如常，指挥参试人员按规程操作、观察、记录、播报，流程紧张而有序。操作人员神情集中，临危不惧，恪守岗位。中午 12 时 10 分 52 秒，深度计指针指向 300 米刻度处，并略有超

出，随着一声坚定而清脆的"停"的指令，核潜艇稳稳地悬停在该深度上，艇内各舱室在一阵寂静之后骤然爆发出暴风雨般的欢呼声——极限深潜成功了！

黄旭华还没空欢呼，当核潜艇停稳后，他立刻开始了解全艇此时的状况，他发现全艇各技术系统以及几乎所有机械设备运转正常，这表明深潜试验取得圆满成功。

黄旭华兴致勃发，沉吟未久，挥毫泼墨：

"花甲痴翁，志探龙宫；惊涛骇浪，乐在其中。"

自此，黄旭华作为首位核潜艇总设计师亲历极限深潜的第一人，被永远地书写在世界核潜艇的发展史上。在今天的 719 所，由于黄旭华的率先垂范，总设计师随同核潜艇一起深潜试验，已经成为不成文的"光荣传统"了。

远在武汉的李世英得知深潜试验成功后，不禁掩面大哭，心里久久无法平静。几个月来，每一天她都度日如年，茶饭不思、睡不安枕，一颗心总是悬在嗓子眼上。为了不让孩子们也担心，她没把她们的父亲亲自参加深潜试验的事告诉她们。

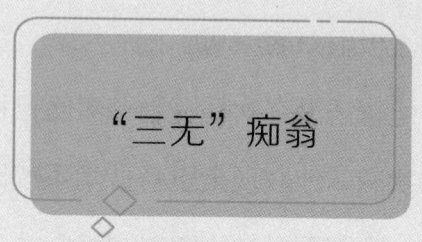

"三无"痴翁

其实，有"中国核潜艇之父"美誉的黄旭华成为家喻户晓的新闻人物不过是最近 20 年的事，国家和人民给予了他功勋级的奖励也没超过 5 年。可在整个 20 世纪，黄旭华几乎是一个"无名、无怨、无悔"的人。

以前的黄旭华，用作家祖慰的话说，只是一个"赫赫而无名的人"。

1986 年 4 月 17 日，《人民日报》在一则题为《新形势下国防工业任务是什么？国防科技工作如何做？赵紫阳等同电子船舶行业专家座谈——国防科技为祖国的现代化建设服务》的新闻报道中，提到了一位名叫黄旭华的船舶专家，但关于黄旭华的其他信息则只字未透露，这是黄旭华的名字首次见诸报端。

此时，距离黄旭华开始从事军工科研的 1954 年已经整整 32 年。这 32 年，黄旭华隐姓埋名；这 32 年，黄旭华没回过老家、没见过父母亲。

1987 年第 6 期的《文汇》月刊刊发了作家祖慰的一篇报告文学，题为《赫赫而无名的人生》。文中描述了一个 1949 年自国立交通大学毕业的广东客家后裔，为研制我国第一代核潜艇隐姓埋名 30 余年的感人故事。主人公是"我国第二任核潜艇总设计师"，并被作者誉为"中国核潜艇之父"，这两个头衔无疑是显赫的，但是这个人在文中没有姓名，当时还不能有姓名，更不用说照片或者影像，只是一个"他"。

这是黄旭华首次以"他"的形式，以完整的形象出现在媒体上，由于祖慰先生的文章是一篇报告文学，又是发表在文学期刊上，看过的人大都以为这个"他"是作者虚构的人物，因此在社会上产生的实际影响非常有限，除非是核潜艇研制圈内的人，再或者是他的亲人，才会知道这个"他"是谁。而作为阅读过此文的文学爱好者，也仅是欣赏作品的文学价值，而不会真的去深究这个"他"是否存在，如果存在，"他"又是何许人也。

黄旭华的母亲收到了儿子寄给他的这本杂志，母亲曾慎其看

了这篇报告文学自然知道这个"赫赫而无名的人"是她的三儿绍强。她把这篇文章看了一遍又一遍，眼泪时不时夺眶而出，她既为三儿的成就感到无比的欣慰，又为三儿所受到的种种委屈和艰辛而心疼不已。母亲一直坚信他在为国家干大事，因此当弟妹们因为三哥 30 余年不回家看望父母，尤其是父亲和二哥逝世都不回家看看而有所抱怨时，母亲就曾再三叮嘱他们："三哥的事你们要理解，他一定有身不由己的原因！"如今，谜底揭开了，三儿果然是在干一件惊天动地的大事。

其后，渐渐有一些媒体披露和报道过黄旭华的姓名，但对于其事迹的描述非常粗略，且大都做了比较严格的脱密处理，因此在社会上的影响有限。

从黄旭华的人生历程来看，花甲之前绝对是隐姓埋名的"无名"人生，古稀之年开始出现了一个研制核潜艇的"他"，但"无名"依旧。为了祖国的安全，黄旭华将自己的一生奉献给了核潜艇，而一生中最年轻、最辉煌的时间他是默默"无名"的。自己的父母及兄弟姐妹不知道他在干什么，自己的老师、同学不知道他在干什么，甚至自己的女儿也不知道他在干什么。没有人知道黄旭华这个名字的存在，知道这个名字的人以为他碌碌无为。

在 1994 年获评中国工程院院士以后，黄旭华才小有名气。因此，黄旭华的绝大部分人生都是在默默"无名"中度过的。

其实，黄旭华对于做一位"无名"的人是有心理准备的。1958 年他赴北京参与核潜艇研制工程时，当时的造船技术研究室支部书记曹磊告诫他三点，让他有思想准备："首先你被选中，说明党和国家信任你；二是这项工作保密性强，进去了就出不来，犯了错误也出不来，出来了就泄密了；三是一辈子出不了名，得当无名英雄。"因此，当"无名"英雄，是黄旭华心甘情愿的选择。

虽"无名"，亦"无怨"，这是黄旭华的境界。

如果说因为核潜艇研制高度机密，他"无名"是没有选择的话，那么他是否有过怨言呢？作为一个有血有肉的人，大半辈子的"无名"总可以抱怨几句吧！可是，黄旭华没有，他虽"无名"，却"无怨"。

他最尊敬的父亲和亲爱的二哥逝世了，他理应回去奔丧，但却无法回去，且不能说明原因。母亲给他写信，问他干什么工作，住在什么地方，黄旭华因为害怕泄密只能选择尽量不予回复。为此，弟弟妹妹对他没少抱怨，甚至有亲戚说他是不孝之子，黄旭华有苦难言，只能把委屈留在心里。

在葫芦岛上，黄旭华经常莫名其妙地被审查批斗，他原本可以与人倾诉；白天养猪，晚上在猪圈里绘图纸，他应该要发发牢骚；夫人、女儿几度涉险，他可以向组织求助；孩子们没工作，他可以向上级提要求。可黄旭华都没有，他没有怨天尤人，而是选择自己默默承受，还要求自己的夫人和孩子们也发扬这种精神。

他的许多同学在其他战线工作，贡献虽没有黄旭华大，但早就功成名就、名利双收，可黄旭华没有怨言，泰然处之。

黄旭华说，研制核潜艇是他自己的选择，也是他的理想，没有什么事是一帆风顺的，承受压力和委屈是通往成功之路必备的心理素质。

虽"无名"，亦"无怨"，犹"无悔"，这就是黄旭华的胸怀。

国家领导人在接见黄旭华时说："别的战线的功臣可以宣传，让人民知道他们；而你们，只能一辈子当无名英雄。"黄旭华就是这样，在这30余年里，吃了一茬又一茬的苦，受了一桩又一桩的委屈，得了一项又一项的荣誉，却鲜为人知，几乎当了一辈子"无名英雄"，不仅无名无怨，而且从不言悔，反而因为梦想的实现，甘之如饴。

不追名逐利、不以位谋私、不居功索禄，是黄旭华的人生信念。黄旭华真诚地对媒体说过，他无怨无悔，即使再来一次，他依然会这么选择。

黄旭华在入党转正时对支部书记说："当祖国需要我冲锋陷阵的时候，我就一次流光自己的血；如果需要我一滴一滴地流，我也会做到。我会以此来严格要求自己。"

被众人知晓之后，他对记者说："所有的名利我都可以不要，所有的困难我都不怕，我只为毛主席那句'核潜艇，一万年也要搞出来'，那是天大的事情，其他事情我都可以忍让，我就是这样思考的。""现在在我子孙面前，我很自豪、很骄傲！因为我这一生没有虚度。此生属于祖国，属于核潜艇，我无怨无悔。"

在黄旭华的家国情怀中，天下为重、国家为先，忠孝无法两全时，对国家的忠诚就是对父母最大的孝道。

尽管已年近百岁，但黄旭华对核潜艇事业的痴迷丝毫未减。2015年秋季的一天，黄旭华用完早餐就赶忙出门去办公室看资料，中午回家用午餐时对夫人李世英说："哎呀，今天我的脚怎么一直有些疼啊！"李世英低头一看，发现黄旭华的皮鞋竟然穿反了。李世英又生气，又心疼，左脚的皮鞋穿在右脚上，右脚的皮鞋穿在左脚上，能不疼么！原来，那几天黄旭华正专注于研究新近发生在核潜艇领域的一个问题，出门时穿上鞋就走，整个上

午都在办公室阅读资料，回家的路上还在思考，竟没注意鞋穿反了，只是觉得脚一直不舒服。

家人都说，任何有关核潜艇的事，他都会高度关注。

"三品"夫人

每一位成功、伟大的男人后面必然站着一位优秀的女人，黄旭华也不例外。黄旭华经常说，如果说他为国家做出了一点贡献的话，那么主要归功于夫人的理解、奉献与支持，他一辈子都对她心存感激和愧疚。

认识李世英的人，对她的胸怀、她的担当、她的能力，都是交口称赞，并一致用"崇高的品德、卓越的品质、优雅的品位"来赞誉李世英女士，她也因此博得了"三品"夫人的雅称。

李世英是出生于上海的大家闺秀，在1949年上海解放时作为优秀的高中生被政府选中而进入港务局工作。在这里，她与负责

共青团工作的黄旭华相识、相知。此后，黄旭华调离港务局，李世英也因为工作表现优秀而被选送大连海运学院学习俄语，1954年他们俩再次在船舶工业管理局设计二处相遇，李世英作为黄旭华与苏联专家之间的翻译，二人相知、相爱而结为连理，从此二人举案齐眉、相濡以沫、携手终生。

"三品"德为先，李世英崇高的美德全面地体现在对丈夫的关爱、对长辈的敬重、对同仁的厚道、对家庭的奉献、对子女的培育上。

作为妻子，李世英对丈夫的事业鼎力支持，让黄旭华心无旁骛地专注在核潜艇研制上。姑且不说家中琐事，就是自己身怀六甲，入院生子，孩子生病、教育及结婚等全是她独自扛着，甚至不让黄旭华知晓，以免他分心牵挂而影响工作。

一次，李世英在从公共汽车下来时被一个鲁莽的年轻人撞倒在地上，当即昏迷，送入医院后李世英被诊断为严重脑震荡，生命处在危险之中。黄旭华赶回来时，得知妻子吉凶难料，看着昏迷的妻子，再也无法控制自己的情绪，第一次当着大女儿和大女婿的面失声痛哭，嘴里不停地对孩子们说对不起他们的妈妈。吉人自有天相，李世英经抢救苏醒后，发现黄旭华站在病床旁，着急地说："你怎么回来了？他们不该打电话让你回来，我没事，那边不能没有你……"

这是怎样的品德！即使自己在鬼门关前徘徊，也不希望拖累自己的丈夫。再多的痛苦自己咽下去、再大的难题自己扛起来。黄旭华每每给笔者谈到妻子李世英，总会噙着眼泪说："这辈子对不起她！"

作为妻子，李世英在生活上对丈夫照顾得细致入微。黄旭华常年出差，在外的日子远远超过居家的时间，春夏秋冬，或急或缓，李世英总是把他的行李打点妥当，从不耽误他的行程。

作为女儿、作为儿媳，李世英对双方的长辈尊敬孝顺，体贴关怀。李世英与黄旭华母亲的相处方式堪称典范，有限的几次相处，婆媳之间就能坦诚交心、彼此关心与呵护，两个睿智的女人相互理解和尊敬。黄旭华参加核潜艇研制工程之后，李世英常代替黄旭华给曾慎其写信，问候健康平安。平时，黄旭华的父母兄弟及其家中生日喜庆，李世英也能提醒和代劳，尽显做妻子的义务和美德。

李世英一辈子与同事和睦相处，从未与他人发生过争执或者不愉快。作为领导的夫人，没有任何架子，总是和蔼可亲、轻言细语。平时关心他人疾苦、同情弱者、助人为乐。在719所，经常有人讲述李世英、黄旭华夫妇热心快肠，帮助他人的故事。直

至今日，无论所里哪位老职工逝世，不论职位高低，不论熟识与否，黄旭华、李世英夫妻必去吊唁，尽显人情温暖。

对待家庭和子女，李世英可谓一臂擎天。生育三个女儿，悉心养育教诲。一家人的衣食住行悉心打理，从无怨言。三个女儿出嫁，她反复叮嘱要任劳任怨、相夫教子、孝敬老人。

李世英的崇高美德，让黄旭华愧疚，让长辈们称颂，让同仁们敬重，让女儿们奉为楷模。

作为知识女性，李世英亦具有极高的专业素养。

李世英毕业于大连海运学院，外语功底深厚，精通俄、英两门语言，亦具备较好的德语阅读笔译能力。同时，她精通信息搜集、档案资料的甄别与整理，擅长期刊的编辑出版，对造船专业知识也略懂一二，翻译过好几本多个语种的造船专业方面的图书，对核潜艇研制同样是默默地、无私地奉献了自己的一生。

当然，作为一个美丽、含蓄、懂生活的女性，李世英的举手投足之间尽显品位，散发出优雅的魅力。

李世英女士不论在什么场合，不论她在做什么事，她的着装与举止总是那样恰到好处，优雅自然、端庄得体。在我与其他人的访谈中，但凡提及李世英，对方就由衷地感叹她的优秀品德与品质，同时亦不吝溢美之词，感慨她卓尔不凡的品位。

　　不妨当一回不速之客去造访黄旭华、李世英的家，你必定会被他家里精巧的布局、典雅的陈设、舒适的色调、温馨的氛围所折服，这种布置彰显着女主人李世英的审美、才情与品位。家中的每一个角度、每一个物件似乎都极具艺术感，但又绝不矫揉造作，给人以愉悦与遐思，古朴中渗透着时代气息，格调高雅，别具情趣。

　　除了形式上的美感与舒适，李世英为这个家赋予了更深的内涵与情趣。家里没有人专门学音乐，但是几乎个个喜欢音乐，因此，指不定什么日子，只要一家人聚齐了，也还有闲暇的话，李世英就会指挥黄旭华及孩子们开一场家庭音乐会，一展才艺和歌喉。在家庭音乐会上，可以演奏任何乐器，可以独唱或者合唱任何会的或者不太会的曲子，也可以朗诵或者即兴表演。唱得不一定很准确，也不一定很和谐，但一定很开心。

　　俗话说："看看男人衣，便知家中妻。"不论四时更迭、不论条件如何，黄旭华的着装总是整洁、干净，给人一种从容雅致、帅气得体的感觉，而这些全拜夫人的精心打理所赐。

　　黄旭华的发型，虽然随着年龄的增加而变化，但总是自然完美。许多人认为黄旭华的发型一定是一个优秀的发型师或者手艺老到的理发师的杰作。其实不然，黄旭华的头发几十年来都是由

夫人李世英打理，他始终恰到好处的发型间接地折射出李世英的品位。

无论是在过去紧张的核潜艇研制时期，还是在黄旭华退居二线以后，只要是天气较好且有空闲时，李世英必定陪着黄旭华郊游踏青，亲近自然、放松心情。每次出门，李世英一定会帮黄旭华带上两样东西：放大镜和照相机。因为黄旭华在外观赏鲜花和植物时，一定会用上放大镜端详，如同他做研究一样，绝不草率，并一定用照相机认真拍照留存，回来还免不了把照片放大研究。

李世英的品德、品质、品位既成就了丈夫黄旭华的卓越功勋，也塑造了中国知识女性新时代的典范。

所有了解黄旭华夫妇的人，都不约而同地认为，黄旭华能够在事业上取得巨大的成功，身后的"三品"夫人李世英功不可没。

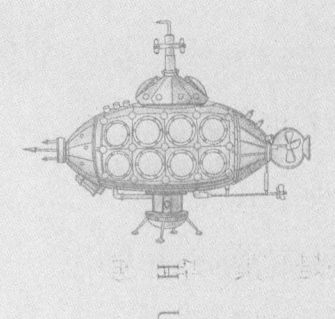

不忘初心

1994 年，黄旭华因为在第一代两型核潜艇研制中的重大贡献获评中国工程院首批院士，同时其所主持的第一代攻击型核潜艇部分型号获得解密，尤其是首艇"401"号在青岛海军舰船博物馆展出供游人参观后，其人生与成就开始受到社会的广泛关注。

党和人民不会忘记为了国家的安全和强大做出巨大贡献的人，更不会让英雄永远隐姓埋名。21 世纪以来，黄旭华的事迹和贡献开始得到了持续、深度的挖掘，尤其是黄旭华在中央电视台《开讲啦——此生无悔》《大家——承诺与抉择》《我的一生属于祖国》等节目中做的演讲在全国产生了极大的

反响，同时全国各地各大媒体都从不同的角度对他的事迹和故事进行深度报道，其感人的事迹开始传遍大江南北、长城内外。

2013年，黄旭华获得中央电视台"《感动中国》2013年度十大人物"的殊荣，中央电视台对黄旭华的颁奖词是：

"时代到处是惊涛骇浪，你埋下头，甘心做沉默的砥柱；一穷二白的年代，你挺起胸，成为国家最大的财富。你的人生正如深海中的潜艇，无声但有无穷的力量。"

2017年11月17日，习近平总书记亲切会见参加全国精神文明建设表彰大会的代表和全国道德模范代表时，力邀其身后90余岁的黄旭华与其坐在一起合影留念后，此后黄旭华的事迹再次在全国引起巨大的轰动，同时也掀起了第二波媒体报道的高潮。自此，黄旭华的事迹与贡献家喻户晓、妇孺皆知。

2018年2月16日，黄旭华作为"全国道德模范"代表出现在中央电视台春节联欢晚会现场，出现在全国人民的面前。

2019年9月29日上午10时，北京人民大会堂金色大厅，习近平总书记给黄旭华亲授金光灿灿的"共和国勋章"。

2020年1月10日，习近平总书记再次在北京人民大会堂给黄旭华颁发了2019年度国家最高科学技术奖的奖章与证书。

2020年6月14日晚，由中共广东省委宣传部、广东省文化和旅游厅指导，由广东省话剧院创排的话剧《深海》在广州首演。该话剧讲述了黄旭华隐姓埋名三十载，带领我国核潜艇研发团队，呕心沥血打造国之重器，为我国核潜艇研发事业默默奉献的动人故事，同时讴歌了黄旭华及其母亲曾慎其的家国情怀。该话剧在全国巡演数十场，引起了强烈的轰动，黄旭华的事迹一步步深入人心。

2021年9月26日，为庆祝中国共产党成立100周年，国家广电总局组织推进的重大现实题材剧目《功勋》在北京卫视、东方卫视、浙江卫视、江苏卫视首播，优酷、爱奇艺、腾讯视频同步播出，该剧通过单元剧的叙述方式，将8位"共和国勋章"获得者的人生华彩篇章串联起来，表达对"忠诚、执着、朴实"的崇高精神品格的礼赞。其中《黄旭华的深潜》分为6集播出，黄旭华的动人故事再一次感动了数以亿计的全国观众，见贤思齐的风气蔚然形成。

至此，60余年无怨无悔付出的黄旭华获得了共和国历史上最高的荣誉，人民给予了他最丰厚的回馈和最真诚的敬仰。中华民族有感恩的传统，人民会永远铭记并讴歌对国家和人民做出了巨大贡献的人。

2018年，94岁高龄的黄旭华时刻提醒自己必须在鲜花和荣

誉中保持清醒，他担心自己会懈怠、会迷惑，于是写下了"不忘初心，砥砺前进"的座右铭警示自己。

为核潜艇事业奋斗了一辈子，黄旭华永远不会忘记那段艰苦的探索岁月，永远铭记与他一起共同奋斗的战友及无数的第一代核潜艇人。他始终推辞"中国核潜艇之父"这个荣誉称谓，他说"我不是'中国核潜艇之父'，核潜艇是第一代核潜艇人共同的结晶，如果一定要安一个'中国核潜艇之父'，那么这个父亲是一群人，不仅包括我，也包括彭士禄、黄纬禄、赵仁恺、陈右铭等一批第一代核潜艇的设计者、建造者和领导者。"

20 世纪 90 年代以后，黄旭华经常回顾与怀念研制核潜艇那段艰难求索而又激情澎湃的岁月，他认为第一代核潜艇人在研制核潜艇的同时，积累了丰富的知识与经验、形成了宝贵的精神财富，他觉得应该将这些知识积累及精神财富传承给后人，让我国的核潜艇研制能力和水平迅速赶超世界先进水平。

于是，黄旭华在退居二线之后，与同事们总结与提炼了过去几十年的核潜艇研制的历程及取得的经验教训，编撰完成了《核潜艇史料集》，为我国核潜艇研制留下了宝贵的知识财富与借鉴资料。同时，他认真总结第一代核潜艇人的奉献精神与顽强品质，谱写完成了《○九人之歌》《○九战歌》，并将其作为"○九精神"的精髓，也作为核潜艇精神的真实写照。

尽管退居二线，但作为 719 所的名誉所长，黄旭华始终关注并跟踪美国、俄罗斯核潜艇技术的发展，对我国最新一代核潜艇的研制非常关心，积极献计献策。据相关人士透露，黄旭华对我国新一代核潜艇研制的立项、方案设计、结构论证、重大系统及技术攻关依然以合适方式积极参与，同时特别强调要在隐蔽性和导弹武备系统上做重点突破。

与此同时，作为一名资深的科技工作者，黄旭华对国家和地方的科技经济发展及技术积极建言献策。他不顾高龄，不计报酬，不讲条件，不仅参与一些重要的调研活动，而且重视与支持科普宣传，呼吁重视人才培养。

近年来，黄旭华特别重视思想教育和社区老人康养工作。经常去各高校、机关团体做思想报告，结合自己的经历和体会，宣传爱国主义、敬业精神和科技创新。每一次讲演都生动具体、激情澎湃，极富感染力。黄旭华对教育工作高度重视，经常去一些大中小学走访调研，同孩子们亲切交流，要求孩子们从小就要有理想、有抱负、有科学的意识。他特别关注老家及母校的教育工作，上海交通大学、聿怀中学、桂林中学多次留下了他的足迹和声音。他还经常和大中小学的学生进行书信交流，勉励他们好好

学习，将来努力报效国家。

作为 719 所的老领导，黄旭华非常重视离退休及社区工作，很多退休较早的老职工生活困难，他不仅向组织反映，同时主动伸出援助之手，并且不向任何人透露。社会的各项工作他总是积极主动地参与，献计献策，让老同事们的生活尽可能多地充满幸福和快乐。

在获得 2019 年度国家最高科学技术奖之后，黄旭华立刻筹划这笔奖金的使用问题。黄旭华说："核潜艇是在党和政府的支持下，全国 2000 多个科研院所、工厂和高校通力协作的结果，荣誉属于大家。饮水思源，这笔钱应该回报社会。"

他告诉身边的工作人员和家属："奖金的使用大致分三个方向，捐赠给科研、教育、科普事业。"

2021 年 10 月 28 日，黄旭华向 719 所捐赠 1100 万元，作为科技创新奖励基金，以激励更多优秀人才脱颖而出。

在此前后，黄旭华将所获得的 2017 年度何梁何利基金科学与技术成就奖奖金、2019 年度国家最高科学技术奖的奖金，包括湖北省、武汉市的配套奖金悉数捐出，加上以前的捐赠金额，黄旭华累计向社会捐赠总额逾 2100 万元，将党和国家对他的奖励再次回馈给社会。

时代日新月异，科技快速发展，但黄旭华的心还是在核潜艇事业上，他无数次说过，无论过去还是现在，他的梦想都是有关核潜艇，未来，他希望中国的核潜艇水平更上一层楼！

即便年近百岁，黄旭华每天还坚持到单位上班，上午阅读各种科研动态，跟年轻人交流，下午整理资料。黄旭华说："虽然我已经 90 多岁了，但老骥伏枥，志在千里。我还要继续发挥余热，不忘初心，为中国的核潜艇事业贡献力量。"

大事年表

1924 年	生于广东省海丰县田墘镇，现广东省汕尾市红湾经济开发区田墘镇，父亲按族谱秩序为其起名为黄绍强。
1940 年	黄绍强改名为黄旭华。
1945 年	考入国立交通大学。
1950 年	成为中国共产党正式党员。
1953 年	调至船舶工业管理局设计处总体组。
1956 年	与李世英在上海结为连理。
1958 年	加入"09"工程。
1970 年	见证我国第一艘攻击型核潜艇顺利下水。
1982 年	任 719 所所长。
1983 年	出任"09"工程总设计师。
1985 年	因在我国第一代核潜艇研究设计中做出重大贡献被授予国家科学技术进步特等奖。
1988 年	亲自带队上艇，指挥"404"艇极限深潜。
1994 年	当选中国工程院院士。

1999 年	●	任中国人民解放军总装备部舰艇总体技术专业组顾问。
2006 年	●	成为中国工程院机械与运载工程学部资深院士。
2009 年	●	被评为"新中国成立 60 周年十大海洋人物"。
2014 年	●	当选中央电视台《感动中国》2013 年度人物"。
2019 年	●	被授予中华人民共和国最高荣誉勋章——"共和国勋章"。
2020 年	●	获 2019 年度国家最高科学技术奖。

图书在版编目（CIP）数据

黄旭华 / 王艳明，蔡玮琢著. — 长沙：湖南科学技术出版社，2022.5
（2022.6 重印）
（"共和国勋章"获得者的故事 / 武向平主编）
ISBN 978-7-5710-1531-2

Ⅰ．①黄… Ⅱ．①王… ②蔡… Ⅲ．①黄旭华—传记 Ⅳ．①K826.16

中国版本图书馆 CIP 数据核字（2022）第 063788 号

HUANG XUHUA

黄旭华

主　　编：武向平
著　　者：王艳明　蔡玮琢
出 版 人：潘晓山
总 策 划：胡艳红　辛　兵
责任编辑：邹　莉　刘羽洁　杨　旻　吴　嘉
出版发行：湖南科学技术出版社
社　　址：长沙市芙蓉中路一段 416 号泊富国际金融中心
网　　址：http://www.hnstp.com
湖南科学技术出版社天猫旗舰店网址：
　　　　　http://hnkjcbs.tmall.com
邮购联系：0731-82194012
印　　刷：湖南天闻新华印务邵阳有限公司
　　　　　（印装质量问题请直接与本厂联系）
厂　　址：邵阳市东大路 776 号
邮　　编：422001
版　　次：2022 年 5 月第 1 版
印　　次：2022 年 6 月第 2 次印刷
开　　本：710mm×1000mm　1/16
印　　张：8.75
字　　数：85 千字
书　　号：ISBN 978-7-5710-1531-2
定　　价：30.00 元